NYHAVN 17

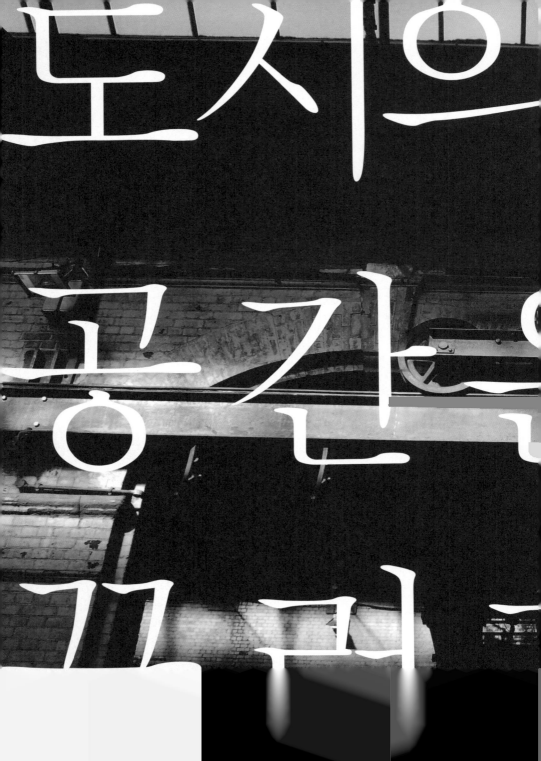

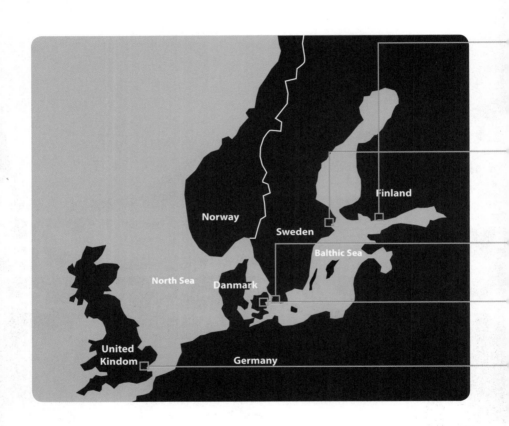

카펠리(헬싱키) _ p.72
템펠리아우키오 키르코(헬싱키) _ p.128
아라비안란타(헬싱키) _ p.166

스코그쉬르코고르덴(스톡홀름) _ p.108
하마비 허스타드(스톡홀름) _ p.240

현대미술관(말뫼) _ p.60
Bo01 프로젝트(말뫼) _ p.224

니하운(코펜하겐) _ p.94
외레스타드 시티(코펜하겐) _ p.184

와핑 프로젝트(런던) _ p.20
테이트 모던(런던) _ p.36
바비칸(런던) _ p.148

북유럽 도시재생

공장 굴뚝에 예술이 피어오르다

북유럽 도시재생
공장 굴뚝에 예술이 피어오르다

—

인쇄 2016년 2월 10일 1판 1쇄   **발행** 2016년 2월 15일 1판 1쇄
                                발행 2019년 4월 10일 1판 2쇄

지은이 곽대영·한아름   **펴낸이** 강찬석   **펴낸곳** 도서출판 미세움
주소 (07315) 서울시 영등포구 도신로51길 4
전화 02-703-7507   **팩스** 02-703-7508   **등록** 제313-2007-000133호
홈페이지 www.misewoom.com

정가 14,800원

—

이 도서의 국립중앙도서관 출판예정도서목록(CIP)은 서지정보유통지원시스템 홈페이지(http://
seoji.nl.go.kr)와
국가자료공동목록시스템(http://www.nl.go.kr/kolisnet)에서 이용하실 수 있습니다.
CIP제어번호: CIP 2016000748

—

ISBN 978-89-85493-00-0   03610

북유럽 도시재생

공장 굴뚝에
예술이
피어오르다

곽대영·한아름 지음

들어가며

　고층빌딩과 고가도로가 고속성장 시대의 상징인 시기가 있었다. 남산 꼭대기의 남산타워와 고가도로를 달리는 자동차, 도심 밤을 밝히는 네온사인과 하늘 높이 솟아오른 빌딩숲과 성냥갑 아파트들이 인간 삶의 풍요를 가져다줄 것이라고 착각한 시기가 있었다. 서울의 도심을 동서로 가로지르는 청계천 고가도로와 세운상가 건물은 산업화의 상징이자 서울을 상징하는 구조물이었지만, 시간이 지남에 따라 감추고 싶은 도심의 이면으로 변화되었다.

　흥망성쇠는 우리 주변의 모든 것들에 존재한다. 역사를 돌이켜보면 영원한 것은 없으며 인간 사회에 존재하는 모든 것은 시간의 흐름에 따라 변화한다. 현대의 도시 패러다임도 변화하고 있다. 저출산과 노인 인구의 증가, 실업률, 도시 인프라의 노후화는 앞만 보고 달렸던 공급 중심 시대적 패러다임의 종말과 함께 도시 성장의 한계에 직면하게 되었다. 세계의 모든 도시들은 이전에 경험해보지 못했던 똑같은 위기 상황을 맞이하고 있는 것이다. 저마다 살아가는 방식은 다르지만 한 가지 공통점은 어떻게 사람 중심의 도시를 만들 것인가를 고민하는 시대인 것이다.

21세기의 도시는 고가도로를 허물고 막힌 공간을 뚫어 아름다운 전경과 자연친화적 환경 조망을 도시민에게 선사하고자 노력한다. 청계천 복원사업은 비록 제한적 기능으로 정비되었지만 생태수변공간으로써 친환경 재생 사업을 촉진하는 시발점이 되었다. 도심을 흐르는 하천 하나가 도시민들의 사고와 삶에 변화를 가져왔고, 그동안 잊고 있던 것들에 대해 일깨웠으며, 인간과 도시의 행복한 공존에 대해 생각하는 계기가 되었다. 무엇이 인간과 함께 공존해야 행복한지를 알게 해 주었다.

이제 우리는 생산기반 중시에서 생활환경 중시로, 양적 추구 삶에서 질적 추구 삶을 목표로 하는 도시에 대한 인식의 변화로, 도시의 문제에 대한 통합적이고도 포괄적인 방법으로의 접근이 필요해진 것이다. 이에 재개발, 재건축이 아닌 기존의 도시를 지속가능한 도시로 재창조하고자 하는 도시재생이 주목받고 있다.

사전적 의미로의 도시재생은 도시의 생기를 되살려낸다는 개념에서 도시 재활성화를 뜻하며, 활력을 잃거나 시대에 뒤쳐진 도시의 일부 혹은 전체에 새로운 생기를 불어넣는 것으로 해석된다. 또한 상대

들어가며

적으로 낙후된 기존 도시에 새로운 기능을 도입·창출함으로써 경제적·사회적·물리적으로 부흥시키는 것을 의미하기도 한다.

결국 공통적으로 추구하고자 하는 것은 도시라는 공간을 물리적으로 되살리는 것만이 아니라 경제적·사회적·환경적 여건 등을 두루 헤아려 포괄적이고 통합적으로 개선하고자 하는 것이다. 즉, 오늘날 우리가 말하는 도시재생은 단순히 오래된 것은 부수고 새로운 것을 만드는 단기적 개념의 재개발이 아닌 도시의 문제를 발견·분석하여 해결책을 제시하기 위한 방법론이며, 더 나아가 창의적인 아이디어로 도시의 경쟁력을 향상시키는 역할을 하고 있는 것이다. 이러한 도시재생의 중요성에 대한 인식이 증대되면서 더 크게는 국가경쟁력과 직결되는 중요한 과제로 주목받고 있다. 지금의 도시재생은 신구의 공존과 조화이며, 단순히 모양만 바꾸는 것이 아니라 도시의 역사와 문화의 가치를 이해하고 미래를 디자인할 수 있도록 다양한 시각으로 다듬어 나가야 한다. 도시를 과거와 현재 그리고 미래를 연결시켜주는 통로, 그리고 꾸준히 되살려나갈 수 있는 자원으로 바라봐야 한다.

이 책에서는 세계 각국의 다양한 도시들을 탐방하고 도시재생 프로젝트 사례를 통해 어떤 방식으로 도시와 사람의 공존과 조화를 성공적으로 실현했는지에 대해 살펴보고자 한다. 그럼으로써 미래 우리의 도시 삶과 도시 문화의 질을 높일 수 있는 방향과 새로운 가치 발견에 도움이 되기를 기대한다.

4RE 도시재생

런던 테이트 모던, 프랑스 퐁피두센터, 말뫼 터닝 토르소 ….
"이들의 공통점은 무엇일까?"라는 질문에 대부분의 사람들은 "지역의 랜드마크" "꼭 가봐야 할 방문지"라고 대답할 것이다. 하지만 여기서는 이들을 역사와 예술로 새롭게 해석하고 의미를 부여하여 과거와 현재 그리고 미래를 이어주는 매개체로서 사람들을 모으고 있다는 공통점에 주목하였다.

도시는 저마다 오래된 이야기를 가지고 있다. 이러한 이야기는 우리의 역사이며 앞으로 나아가야 할 지침이 되기도 한다. 역사, 시간과 경험이 쌓여 의미 있는 장소인 도시는 과거의 모든 기억들을 간직하고 있다. 그동안 우리는 낡고 오래된 것을 부수고 새로운 것을 만드는 개발에만 몰두해왔다. 그러나 역사가 깊은 유럽의 도시들은 낡고 오래된 것에 새로운 이야기를 더해 창의적인 공간으로 되살리는 데 앞장 서 왔다. 오래되고 낡아 버려진 도시라는 공간에 외관, 껍데기만 남긴 채 전혀 다른 콘셉트로 공간을 채워 넣는 것이 아니라, 공간 속의 이야기를 끄집어내어 그것들을 더욱 의미 있게 만든다는 개념으로 접근한다. 기존 도시구조는 해치지 않으면서 도시기능을 재활성화하는 데 목적을 둔 이러한 재생작업은 단순한 물리적 공간을 되살리는 것만이 아니다. 도시라는 공간에 새로운 가치를 더하여 낡고 오래된 장소의 활용가능성을 살려내고, 이를 바탕으로 주변의 사회적 변화를 이끌어내 활력을 불어넣는 것이다.

도시는 여러 얼굴을 가지고 있는 통합체다. 단순한 부분의 합이 아닌 모든 조건들이 복잡한 이해관계 속에서 공존하며 소통할 때 비로소 그 도시는 새로운 가치를 창출할 수 있다.

이러한 관점에서 도시에 생명과 의미를 부여하는 것은 도시라는 물리적 공간을 창의적으로 활용하는 것은 물론, 기존 도시의 경제적·사회적·환경적 여건 등을 종합적으로 개선함으로써 도시의 각종 기능을 촉진 또는 복원하는 것이다. 또한 새로운 도시기능을 수행할 수 있도록 예술적·역사적·기능적 효용성을 종합적으로 고려하여 사회구조와 생활양식 등의 연속성을 유지하면서 미래세대를 끊임없이 배려해가는 개념인 것이다.

4RE 도시재생

그리고 이러한 도시의 소통을 통한 도시의 지속가능성을 높이기 위해서는 날카로운 안목과 창의적인 아이디어가 큰 역할을 하게 된다. 정체성과 역사성이 새겨진 공간이 시대의 요구에 맞게 되살려진다는 것은 과거와 현재 그리고 미래가 어우러져 우리 삶과 도시문화의 질을 함께 높이는 시너지 효과를 창출하는 것이다. 이것으로 도시를 어떠한 관점으로 바라보고, 어떠한 가치를 부여하느냐 라는 효용성을 다양한 관점에서 연구한다면 경쟁력을 갖춘 창조도시로 진화할 수 있는 기반을 구축할 수 있을 것이다.

이 책에서 사용하는 재생再生이라는 단어는 "낡거나 못 쓰게 된 물건을 가공하여 다시 쓰게 한다"는 포괄적인 범위의 활성화를 의미한다. 낡고 오래된 것을 버리는 것이 아니라, 새로운 것을 더해 더 큰 가치를 창출하자는 도시재생의 관점에서 환경·생태적인 보존은 물론이고, 경제·사회·문화의 지표를 통합적으로 발전시키면서 도시의 공간을 창의적으로 활용하는 데 앞장서고자 한다. 또한 창의적인 아이디어로 활력을 되살리는 경쟁력 있는 장소와 공간을 만들기 위해 이미 시작된 유럽 국가들의 의미 있는 변화의 사례를 살펴보고자 한다.

이에 Re를 키워드로 한 Re:use, Re:vival, Re:vitalization, Re:newable로 도시를 나누어 소개하였다.

차 례

RE:USE

"문화와 역사의 재해석"에서는 시대를 대표하는 산업유산에 새로운 용도를 결합하여 되살린다는 개념에 초점을 맞추었다. 역사를 간직한 산업시대의 건축물을 재사용해 새로운 공간으로 재탄생시킨 건축물을 소개한다.

RE:VIVAL

"공간에 새로운 가치부여"는 공간에 새로운 가치를 더해 그곳에 구축된 물리적 형
상, 사회적 기능, 그리고 상징적 의미와 결부되어 특정한 정체성을 만들어내고 지속
시킴으로써 누적된 시간의 흔적, 가능성이 있는 장소가 되어 활력을 주고 있는 사례
를 소개한다.

차 례

RE:VITALIZATION

"도시 커뮤니티의 새로운 활력"에서는 도시의 불균형을 해결하고자 한다. 기존의 주거단지의 개념에서 벗어나 단점을 보완하고 장점을 승화시켜 살기 좋은 터전으로 바꾸어가고 있는 도시 커뮤니티의 사례를 통해 활력을 되찾고 있음을 확인할 수 있다.

RE:NEWABLE

"지속가능 생태도시"에서는 현시대에서 가장 주목받고 있는 환경문제를 기반으로 도시 문제를 해결하고 인간과 환경이 조화를 이루는 도시를 만들고자 지역에서 사용되는 모든 에너지를 재생 에너지를 통해 자체 생산하는 등 에너지 위기에 대비한 환경보존적이고 지속가능한 개발의 개념을 도입한 사례를 소개한다.

RE:USE

역사와 문화의 재해석

RE:use

산업유산Industrial Heritage, 産業遺産은 1973년 유럽에서 결성된 산업유산보전국
제위원회TICCIH, The International Committee on the Conservation of the Industrial Heritage에
서 보편화된 개념이다. 산업혁명을 전후로 근대공업을 중심으로 조성된
산업화·공업화에 공헌한 시대적 결과물인 산업관련 시설물뿐만 아니라
교통·도시·주택·공공 등의 모든 산업 영역을 말하며, 보다 확장된 의미
로는 문화·경제활동까지 포함할 수 있다. 산업유산의 개념이 등장한 계
기는 다르지만, 시기적으로는 근대기의 기간산업이었던 중공업이 쇠퇴하
기 시작한 이후라고 공통적으로 인식하고 있다.

19세기의 산업혁명은 산업도시로 성장하고 대량생산 방식으로 변화하
는 과정에서 수공업이 기계공업으로, 단순제조업이 공장제로 전환되었
다. 20세기 중후반부터 진행된 산업구조의 변화는 많은 산업시설물의 가
동을 멈추게 만들었으며 이에 따라 용도폐기라는 현상을 초래하였다. 사
회의 변화에도 불구하고 어떤 쓸모, 다시 말해 그 기능을 영원히 갖추고
있는 것은 쉬운 일이 아니다. 그것을 유지하지 못할 때는 대부분 사라지
는 것이다.

산업적으로 퇴락하여 버려진 산업시설 역시 환경오염을 일으키고 경관
을 해치는 요인으로 인식되어왔다. 그러나 당시의 건축철학과 기술, 디
자인과 예술성이 집약되어 있고 역사가 살아 있는 문화재적 가치가 있

는 산업유산으로 인식하는 패러다임의 변화를 보이기 시작하며 점차 도
시발전의 중요한 자산으로 접근하고 있다. 이처럼 산업유산과 관련한 정
책과 계획은 과거 문화재 제도의 '보존Preservation'과는 달리 '보전과 활용
Conservation'이라는 현실적인 측면을 고려하여 추진*되고 있다. 이러한 까
닭에 사용가치는 떨어졌지만 역사적 가치가 높은 건물인 산업유산이 쇠
락한 도시에 활력을 불어넣어 줄 수 있는 도시재생의 중요한 대상으로 주
목받고 있다.

산업유산의 보전과 활용이란, 가동이 멈추거나 폐기된 모든 산업시설물
을 그대로 통칭하는 것이 아닌, 보존과 보호를 유지하고 가치 기준을 충
족하는 시설에 한정되며 산업적으로 퇴락하였으나 역사적으로 지역의 발
전 과정에 있어 큰 의미를 가지고 있는 것이다. [RE:use]편에서는 용도가
폐기된 수력발전소와 더 이상 가동하지 않는 화력발전소를 문화와 역사
의 재해석이라는 접근을 통해 복합문화시설로 그리고 최대 규모의 현대
미술관으로 탈바꿈함으로써 역사의 퇴물로 사라질 뻔한 산업유산에 새
로운 의미를 부여한 사례를 살펴보고자 한다.

---

*   박재민·성종상, 산업유산 개념의 변천과 그 함의에 관한 연구, 건축역사연구 제 21권 1호 통권
    80호, 2012, p.65.

와핑 프로젝트(런던, 영국)

공장 굴뚝에 예술이 피어오르다

The Wapping Project(London, UK)

낡은 건물 그리고 높은 천장과 창문, 거대한 보일러, 녹슨 사
다리, 펌프, 도르래 등 공장의 틀 안에 현대적인 디자인 제
품들이 들어 앉아 있는 모습은 시대를 가늠하기 힘든 묘한
분위기를 연출한다. 낡음과 새것, 산업시대의 유산과 현대적
디자인의 대조가 보여주는 독특한 아름다움을 지닌 와핑 프
로젝트는 역사를 간직한 복합문화시설로 주목을 받고 있다.

명칭 The Wapping Project   **위치** London, England   **준공연도** 2000   **이전용도** 수력발전소   **용도**
복합문화시설   **디자이너** 줄스 라이트

London Hydraulic Power Co

London , England
Edward Bayzand Ellington
1883-1977

1890년에 지어진 와핑 수력발전소Wapping Hydraulic Power Station는 100년 동안 런던 중심부로 전력을 공급해주던 곳이었다. 하지만 시대의 흐름에 따라 활용가치가 줄어들면서 1977년을 마지막으로 폐쇄되어 지역의 애물단지가 되었다. 1993년 호주 출신 아트디렉터인 줄스 라이트Jules Wright는 이곳의 문화적 가치를 발견하고 잉글리시 헤리티지*의 지원을 받아 7년이라는 시간과 400만 파운드약 70억 원를 투자하여 애물단지로 전락한 공장을 문화와 예술이 넘치는 복합문화공간인 와핑 프로젝트로 재탄생시켰다. 런던 중심부로 전력을 공급해주던 수력발전소는 전기 대신 예술을 공급하며 런던을 살아 움직이게 만들고 있다.

* 잉글리시 헤리티지(English Heritage) : 영국 문화유적의 보존·관리 등을 맡고 있는 공적 단체.

Shadwell Basin

Thames River

와핑 프로젝트

　　런던 시와 카나리 워프Canary Wharf 사이 템스 강변의 동부 조용한 마을에 위치한 와핑 프로젝트는 1830년대 런던의 부두였던 샤드웰 베이슨Shadwell Basin 그리고 1543년에 문을 연 런던에서 가장 오래된 펍 pub인 프로스펙 오브 위트비Prospect of Whitby와도 접해 있는 곳으로 많은 역사적 의미를 지닌 장소에 자리하고 있다. 120년이 지난 지금 와핑 프로젝트는 19세기의 낡은 외관을 그대로 보존한 채 주변의 역사적 장소와 융합하여 런던의 핫 플레이스로써 사람들의 발길이 끊이지 않고 있다.

　　지역의 명소로 떠오른 곳이라지만 와핑 프로젝트를 찾아가는 길은 결코 쉽지 않았다. 찾기도 힘든 이곳이 핫 플레이스로 각광받는

1890년에 지어진 와핑 수력발전소의 모습을 그대로 간직하고 있는 와핑 프로젝트.
과거, 현재 그리고 미래의 아름다운 공존을 볼 수 있는 복합문화공간이다.

한눈에도 과거 거대한 수력발전소이었음을 짐작케 하는
붉은 벽돌과 쇠붙이, 파이프, 터번.

데는 분명히 무엇인가 있을 것이라고 생각했고, 와핑은 그런 나에게 실망감을 주지 않았다.

와핑 역에서 내려 한참을 걸어가자 붉은 벽돌의 거대한 건물 외벽에 쓰인 "London Hydraulic Power Company 1890"라는 현판이 눈에 띈다. 붉은 벽돌의 근대적 건축 특징을 그대로 간직한 채 쇠붙이, 파이프, 터번 등 기계장치들을 통해 이곳이 거대한 수력발전소이었음을 짐작케 한다. 세월의 흐름을 증명하려는 듯 역사를 그대로 간직한 와핑 프로젝트는 문화와 예술이 넘치는 복합문화공간으로 사용되고 있다.

건물 안으로 들어가면 과거, 현재 그리고 미래가 공존하는 묘한 매력에 또 한 번 입이 벌어진다. 시대를 가늠하기 힘든 묘한 분위기, 마치 과거와 현재의 시간이 맞닿아 있는 느낌이다.

와핑 프로젝트는 2개의 층으로 구성되어 있는데, 1층에는 레스토랑인 와핑푸드Wapping Food가, 지하에는 다양한 종류의 전시가 열리는 갤러리가 있다. 런던에서 가장 특별한 레스토랑으로 손꼽히고 있는 와핑푸드 내부에는 배수펌프와 기름때 밴 송수관 그리고 커다란 체인이 있고, 이 시설물 사이사이에는 블랙 앤 화이트의 모던함을 강조하는 "판톤 의자panton chair", "임스 의자Eames plastic side chair" 그리고 테이블들이 깔끔하게 놓여 있다.

무서울 정도로 커다란 기계들 사이로 배치되어 있는 현대적인 감각의 디자인제품들이 어우러져 이곳에 있는 모든 것이 조형물처럼 느껴진다. 전혀 어울릴 것 같지 않던 고풍스런 건물과 낡은 기계 그

와핑 프로젝트의 1층에 있는 레스토랑 와핑푸드.
높은 천장과 벽면의 창으로 들어온 자연광이 실내를 한결 은은하고 따뜻하게 해준다.

리고 디자인제품들의 조화가 이곳을 더욱 매력적으로 만들어주고 있다.

뿐만 아니라 신기할 정도로 옛 수력발전소의 구조와 내부 시설을 그대로 유지한 이곳은 조명을 따로 사용하지 않아도 높고 넓은 채광창을 통해 들어오는 자연광이 따뜻함 그리고 빈티지함을 더해준다. 이러한 채광창은 건축물의 역사와 연관 지어볼 수 있는데, 18세기 중엽 시작된 산업혁명은 기계와 동력의 발달로 생활기반을 농업에서 공업으로 바꿈으로써 사업자본을 형성했다. 뿐만 아니라 새로운 건축공법과 재료의 등장으로 건축양식에 있어서도 많은 변화를 가져

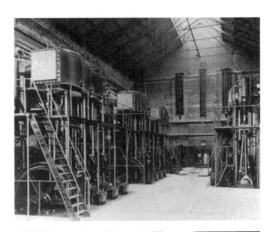

왔다. 그중 철과 유리 제조기술의 발전으로 19세기 후반의 건축물에는 철과 유리를 결합한 건물이 도처에서 지어지기 시작했는데 이들은 19세기의 건축에 있어 중요한 요소로 작용하였다.

1890년에 지어진 이 수력발전소 또한 철과 유리를 함께 사용하여 거대한 실내공간을 확보하고 자연조명이 가능하도록 설계되었는데 이는 실용성뿐만 아니라 미학적인 측면까지 고려한 선조들의 지혜를 엿볼 수 있다. 차가운 인공빛이 아닌 따뜻한 자연채광이 주는 아늑함은 이곳을 더욱 돋보이게 하고 에너지 절감과 함께 편안한 조도효과를 구현하고 있다.

시간의 흐름을 증명이나 하듯 과거로부터 벌겋게 내려앉은 녹이 슨 철계단을 따라 내려가면 대형 보일러실이었던 곳을 전시공간으로 바꾼 커다란 갤러리가 나타난다. 120년 전 붉은 벽돌을 그대로 보존한 넓은 창고 같은 지하의 갤러리에서는 앤디 워홀과 같은 유명 아티스트들의 작품부터 신진 작가들까지 다양한 전시가 진행된다. 다양한 먹거리와 볼거리로 와핑 프로젝트에는 늘 사람들이 북적인다.

유명 작가부터 신진 작가들의 작품까지 다양한 종류의 전시가 열리는 지하 갤러리

무엇이 이곳을 이렇게 만들었을까?
바로 발상의 전환이다.

"1993년 영화제작을 위해 처음 발견되었습니다. 누군가 나에
게 촬영장소로 이곳을 보여줬는데, 건물에 들어서자마자 완전
히 매료되었고 이 건물을 예술적으로, 특히 극장 같은 예술적
건물로 사용하기 위한 아이디어들로 가득해졌습니다."

19세기의 낡은 공장을 문화와 예술이 넘치는 복합문화공간으로
변화시킨 이는 호주 출신 아트디렉터인 줄스 라이트로, 와핑 프로젝
트에 대해 밝힌 소감이었다.

처음 본 순간부터 이곳이 마음에 들었다는 그녀는 다시 만들거나
돌이킬 수 없는 소중한 시대적 유산을 버리는 것이 아니라 현대로 끌
어들이고 현대감각을 살린 다양한 시설을 접목한다면 세상 어디에
도 없는 멋진 문화공간이 탄생할 것이라고 판단하였다. 그러한 발상
의 전환을 통해 버려진 공간이 아주 오래된 것과 새것이 조화를 이
루고 있는 신비로운 장소로 재탄생된 것이다.

전기 대신 예술을 공급하며 런던을 살아 움직이게 만들고 있는
와핑 프로젝트는 옛것을 유지하며 새것을 창출해 낸 재생 프로젝트
의 사례로 훌륭한 본보기가 되어주고 있다. 이러한 상상력으로 와
핑 프로젝트에서는 과거, 현재 그리고 미래의 아름다운 공존을 엿
볼 수 있다.

테이트 모던(런던, 영국)

　공장 굴뚝에 예술이 피어오르다

Tate Modern(London, UK)

오랜 기간 방치돼왔던 템스 강 남부의 버려진 뱅크사이드 화력발전소(Bankside Power Station)가 현대미술관이자 런던 최고의 명소인 테이트 모던으로 재탄생하였다. 시간이라는 가장 중요한 가치를 무조건 뜯어 고치지 않고 그 가치를 인정하여 그들만의 이야기를 만들어낸 것이다.

명칭 Tate Modern **위치** London, England **준공연도** 2000 **면적** 34,500㎡ **이전용도** 화력발전소 **용도** 문화시설(현대미술관) **유동인구** 4백만 명(년) **디자이너** 헤르조그 앤 드뫼롱

Bankside Power Station

London , England
Scott, Giles Gilbert
1957–1981

　뱅크사이드 화력발전소는 제2차 세계대전 직후 런던 중심부에 전력을 공급하기 위해 세워졌다. 길버트 스코트Giles Gilbert Scott가 설계했으나 유가상승 등 생산효율 문제로 발전소로서의 기능이 정지되었다. 그 후 20년 동안 아무런 활동을 하지 않고 방치되면서 주변 지역을 슬럼화시키고 있었다.

　영국 정부는 밀레니엄 프로젝트의 일환으로 이곳에 주목하게 되었고 발전소의 기존 외관은 최대한 보존하고 내부는 미술관의 기능에 맞춰 새롭게 리모델링하자는 설계안을 받아들였다. 기존 건물의 외형과 구조는 그대로 살리고 내부는 미술관으로서의 기능을 적절하게 도입, 약 7년의 공사기간과 1억 3천4백만 파운드의 공사비가 소요된 이곳은 2000년 5월 12일 세계 최대 규모의 현대미술관으로 재탄생하였다.

세인트폴 대성당

밀레니엄 브릿지

테이트 모던 갤러리

    템스 강 남동쪽, 런던 32개 자치구 중 가장 가난한 자치구인 사우스워크Southwark 구에 있던 뱅크사이드 화력발전소는 런던 시에서 사용하는 전기의 상당량을 생산하며 산업시대 중추적 역할을 하였지만, 석유의 가격 상승과 더 효율적인 발전소 공급, 공해문제 등으로 인해 생산효율이 떨어지게 되자 1981년 폐쇄되었다.

　가난한 자치구로서는 건물과 주변 환경을 개발할 만한 재원을 확보할 수 없었고, 노숙자와 범죄자가 점차 늘어나자 위험하고 낙후된 지역이라는 부정적인 이미지와 함께 흉물스럽게 방치된 뱅크사이드 화력발전소는 주변 지역도 함께 슬럼화시키며 영국 정부의 골칫거리로 전락하였다.*

　길버트 스코트가 설계한 뱅크사이드 화력발전소는 벽돌로 된 외벽, 세로로 난 긴 창문 그리고 99m 높이의 굴뚝이 우뚝 솟아 있는 거대한 규모의 아르데코** 양식으로, 기능성과 합리성이 강조된 단순한 직선 형태를 하고 있다.

---

* 　임근혜, 창조의 제국: 영국현대미술의 센세이션, 지안출판사, 2009, p.261.

** 　아르데코(Art Deco)는 Art Decoration을 줄여서 부르는 것으로, 1925년 파리에서 개최된 '현대 장식미술·산업미술 국제전'의 이름이었다. 아르데코 건축은 합리주의(Rationalism) 및 기능주의 (Functionalism)의 특성을 가지고 있다.

테이트 모던에서 바라본 밀레니엄 브리지와 세인트폴 대성당

　이러한 건축물은 산업시대의 유산이라는 상징적 의미가 있는데다가 템스 강 북쪽의 세인트 폴 대성당Saint Paul Cathedral 맞은편에 위치하여 입지, 공간, 접근성 등에서 좋은 조건을 가지고 있었다. 테이트재단은 테이트 브리튼Tate Britain 갤러리의 부족한 공간에 대한 대안으로 부지를 물색하던 중 뱅크사이드 화력발전소가 가지고 있는 건축적 장점과 잠재력을 인정하였고 이 건물을 활용하여 테이트 모던 갤러리를 설립하기로 하였다.

과거 산업화 유물의 단점을 장점으로 승화시킨
창의적 재생공간으로 거듭난 테이트 모던

1994년 국제설계공모를 통해 당선된 헤르조그 앤 드뫼롱Herzog & De Meuron의 설계안에 따라 발전소의 기존 외관은 최대한 보존하고 내부는 미술관의 기능에 맞춰 변형하여 2000년 5월 12일 세계 최대 규모의 현대미술관으로 재탄생하였다. 또한 "밀레니엄 프로젝트Millenium Project"*의 일환으로 완공된 "밀레니엄 브리지Millenium Bridge"는 테이트 모던과 세인트 폴 대성당을 연결해줌으로써 대중교통이 불편하였던 사우스워크 지역의 접근성을 높였다.

99m 높이의 거대한 굴뚝을 중심으로 대칭구도를 이루고 있는 테이트 모던은 산업시설의 특징적 요소인 굴뚝을 없애지 않고 커다란 굴뚝이 건물 밖으로 삐져나온 과거의 모습을 그대로 보존하는 등 옛 건물의 모습을 그대로 유지했을 뿐만 아니라 용도에 맞게 재구성한 내부의 모습도 매우 인상적이다.

스위스 정부의 지원을 받아 만들어 스위스 라이트Swiss Light라고도 불리는 발전소 시설이었던 99m 높이의 거대한 굴뚝에서는 더 이상 연기는 나지 않지만 수십 년이 지난 지금 테이트 모던의 상징이자 런던의 랜드마크가 되었다. 낡아서 더 매력적인 역사를 간직한 이곳은 지붕 위 두 개의 층으로 된 유리박스 형태의 라이트빔을 증축한 것을 제외하고는 원형을 그대로 유지하였다.

---

*   21세기를 앞둔 영국은 낙후된 지역을 상승시키고, 도시 전체에 활력을 불어 넣고자 "밀레니엄 프로젝트"라는 이름의 공공디자인 계획을 수립하였다. 이에 런던 시청은 런던 시내를 한눈에 내려다 볼 수 있는 런던 아이(London Eye)를 시작으로, 테이트 모던, 밀레니엄 브리지, 런던 시청 등을 선보이며 템스 강 주변을 혁신적으로 바꾸어 놓았다.

　발전소라는 공간이 미술관으로 용도가 변경됨에 따라 미술관이 필요로 하는 기능을 수용하기 위해 내부는 전면적으로 변형되었다. 내부의 기계들은 철거되고 과거에 사용했던 철골 뼈대구조물와 이를 덮고 있던 벽돌벽만을 남겨두었다. 비록 구조는 변하였지만 이곳이 화력발전소였음을 말해주고 있는 과거의 흔적을 곳곳에 숨겨놓은 테이트 모던만의 매력을 엿볼 수 있다.

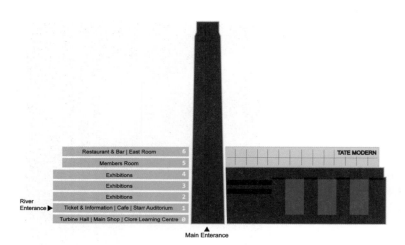

총 7개의 층으로 이루어진 테이트 모던

　단일 갤러리로는 세계 최대의 규모를 자랑하는 건축물인 테이트 모던은 1900년대부터 현재까지의 현대미술과 실험미술 작품들로 구성되어 있는데 이들은 상설전시와 특별전시로 분류되어 있다.

　상설전시는 연대별로 전시를 구분하는 기존의 방식에서 벗어나 풍경사건·환경, 정물오브제, 실제의 삶, 누드행위·몸, 역사기억·사회, 4가지의 각각 다른 테마로 구분하였다. 앤디 워홀Andy Warhol, 앙리 마티스Henri Matisse 등 세계적인 거장들의 작품뿐만 아니라 젊은 작가들의 실험적 작품들도 전시하고 있다.

　특별전시실은 주요한 기획 전시회가 열리는 장소로 보통 3~4달 동안 진행된다. 총 7개 층으로 이루어진 테이트 모던에는 카페, 레스토랑, 숍, 전시장 등이 다양하게 구성되어 있다.

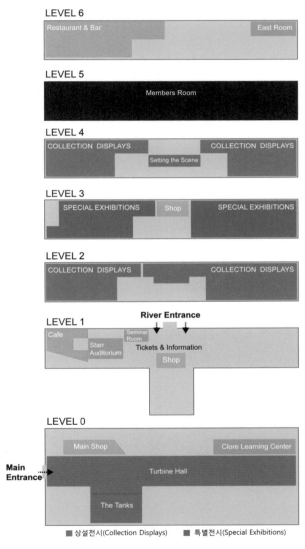

LEVEL 6

Restaurant & Bar　　　　　　　　　　　　　　　East Room

LEVEL 5

Members Room

LEVEL 4

COLLECTION DISPLAYS　　　　　　COLLECTION DISPLAYS

Setting the Scene

LEVEL 3

SPECIAL EXHIBITIONS　Shop　　　SPECIAL EXHIBITIONS

LEVEL 2

COLLECTION DISPLAYS　　　　　　COLLECTION DISPLAYS

River Entrance

LEVEL 1

Cafe

Seminar Room

Starr Auditorium

Tickets & Information

Shop

LEVEL 0

Main Shop　　　　　　　　　　Clore Learning Center

Main Entrance

Turbine Hall

The Tanks

■ 상설전시(Collection Displays)　　■ 특별전시(Special Exhibitions)

테이트 모던 층별 구성도
(2012년에 1~7까지 표기된 층번호를 0~6으로 변경)

LEVEL 0·LEVEL 1

테이트 모던에는 LEVEL 0으로 표기된 본관 출입구와 강쪽으로 연결되는 출입구가 있다.

본관 출입구가 있는 맨 아래층에는 테이트 모던이 자랑하는 특별 전시공간인 터빈홀이 있는데, 이는 과거 터빈이 있던 장소로 5층 건물 전체를 관통하는 높이에 바닥면적 3,400㎡의 거대한 공간으로 관람객들로 하여금 감탄을 자아낸다. 높은 천장과 철골 구조물은 그대로 둔 채 유리 지붕으로 변경하여 자연광이 들어오게끔 한 것이 특징인 터빈홀은 특별 전시공간으로 크기가 큰 작품들 위주로 전시를 하며, 전시가 없을 때는 영화를 상영하거나 퍼포먼스를 하는 등 다양한 볼거리를 제공하고 있다.

다리와 연결된 1층에는 티켓 판매소와 인포메이션 데스크가 있고, 그곳에 위치한 작은 갤러리 또한 특별 전시공간으로 최근 트랜디 경향의 현대예술작품을 전시하며 보통 2~3달 동안 진행된다.

과거의 터빈홀을 테이트 모
던만의 독특한 공간으로 재
탄생시켰다.

LEVEL 2·LEVEL 3·LEVEL 4

2층부터 4층까지는 다양한 전시관이 테마별로 분류되어 있는데 2층과 4층에서는 상설전시가, 3층에서는 특별전시기획전시가 진행된다. 각 층은 2개의 전시공간으로 나뉘는데 초현실주의·추상주의·표현주의·추상표현주의 작품을 중심으로 유럽과 미국의 회화와 조각들을 전시하고 있다.

4층 상설전시관에서는 변화와 자연의 힘에 관심을 보인 예술가들의 작품 및 일상의 물건과 활동을 이용한 예술가들의 선구적인 작품들을 다루고 있는데 사진과 영화, 설치미술품을 통해 다양하게 현대미술을 살펴볼 수 있다. 또한 20세기 초반의 경향, 큐비즘, 퓨처리즘, 보티시즘으로의 움직임과 후기 인상주의 예술뿐만 아니라 새로운 표현기법인 꼴라쥬, 아상블라쥬 등부터 디지털 테크놀로지를 사용한 새로운 작품들을 포함하고 있다.

3층 특별전시관 역시 2층, 4층과 마찬가지로 두 개의 큰 전시공간으로 나뉘어져 있다. 전시의 특징에 따라 합쳐서 하나의 전시회만 열리기도 하며 3~4달 주기로 진행되고 있다. 2층과 4층의 상설전시는 무료이지만, 주요한 기획전시회가 열리는 특별전시장은 유료다.

3층, 4층 전시실 가운데 복도에는 검정 철골과 대비가 되는 흰 벽면을 따라 영국의 일러스트레이터이자 디자이너인 사라 파넬리Sara Fanelli만의 독특한 캘리그래피를 만날 수 있다. 이곳에 전시된 주요작가들의 이름과 표현 기법 등을 시대별 흐름에 따라 적어 놓은 타임라인이 있는 벽을 따라 걷다보면 자연스레 지난 100년간의 현대미술의

3층 전시장 입구

NISM Paul Cézanne

cent van Gogh

Edouard Vuillard

S NABIS

ard et Félix Vallotton

Henri Rousseau

Paul Strand

Alfred Stieglitz

Karl Schmidt

DIE BRÜCKE

Egon Schiele EXPRESSI

Oskar Kokoschka Ernst N

Eugène Atget

Albert Gleizes

Georg

Jean Metzinger CUBISM

Juan Gris Fernand Lé

André Derain

Henri Matisse

FAUVISM

Maurice de Vlaminck

Gino Severini

FUTU

Filippo Marine

1900

시대별 흐름에 따른 미술의 역사를 알 수 있는 타임라인

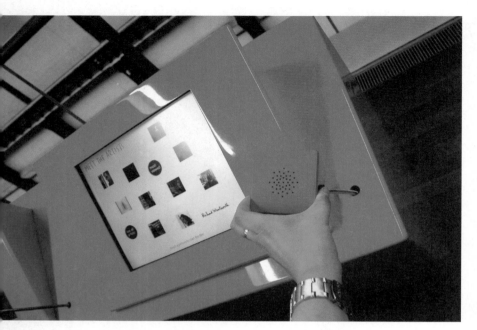

현대미술에 쉽고 재미있게 다가갈 수 있도록 설치된 체험공간인 인터랙티브 존

발자취를 되새겨 볼 수 있을 뿐만 아니라 미술사를 익힐 수 있다.

　테이트 모던이 사랑을 받는 또 하나의 이유는 단지 감상만 하는 곳이 아니라 호기심을 갖고 다양한 경험을 할 수 있는 미술관이라는 것이다. 4층에 위치한 인터랙티브 존Interactive Zone에서는 20세기의 예술과 예술가에 대한 정보를 자세히 알려주는 시청각 자료를 마련해두었다. 또한 애니메이션을 곁들인 퀴즈와 게임 등으로 관람객의 참여를 유도하여 주요 작품들의 정보를 제공하고 있다. 자칫 지루

게임을 하듯 재미있게 기부를 하도록 디자인된 기부금 상자

할 수도 있는 미술관이지만 전시장과 전시장을 연결하는 통로에 직접 체험을 할 수 있는 이러한 체험공간이 있어 자유로운 분위기에서 예술을 이해하고 친근하게 다가갈 수 있게 하였다. 이러한 노력으로 테이트 모던은 미술품을 단순히 눈으로 보고 감상하는 공간이 아닌 경험을 통해 친근한 배움을 접할 수 있는 놀이터가 되어주고 있는 것이다.

행동하게끔 유도하는 어포던스 디자인 개념을 도입한 기부금 상자와 재활용 지도 수거상자

테이트 모던 곳곳에서는 독특한 두 종류의 상자를 볼 수 있는데 기부금 상자Donation Box와 재활용 지도 수거상자Recycle Map Box이다. 일부 특별전을 제외한 모든 전시가 무료로 진행되고 있는 이곳은 곳곳에 독특한 디자인의 기부금 상자를 만들어 관광객들의 자발적인 기부를 통해 기부금을 모으고 있다. 또한 사용한 테이트 모던 지도를 넣을 수 있는 지도 재활용 상자를 마련해두어 재활용을 각인시켜 줌으로써 친환경을 유도하고 있다.

이러한 제품은 "관광객들이 기부를 할 것이다" "관광객들이 사용한 지도를 넣을 것이다"라는 디자이너테이트 모던의 목적대로 사용자관람객가 행동하도록 유도하는 어포던스 디자인*의 좋은 사례이다.

영국의 산업화를 이끌었던 뱅크사이드 화력발전소의 거친 벽돌과 굴뚝을 그대로 보존한 테이트 모던은 잊힌 근대화의 상징인 화력발전소에서 세계 최대 규모의 현대미술관으로의 변화를 통해 한해 많게는 500만 명의 관람객을 끌어들이면서 런던의 명소가 되었다. 게다가 2,400개의 일자리를 창출하고 연간 8억 달러의 관광 수입을 올리며 직접적인 경제 활성화뿐만 아니라 낙후된 템스 강 남쪽지역의 재활성화를 통해 지역 간의 격차를 줄여주는 등 간접적으로 많은 영향을 미치고 있다.

검은 연기를 내뿜던 화력발전소는 문화와 예술의 기를 내뿜는 장소로, 미술품만 보여주는 감상의 장소가 아닌 만남·사교·휴식이 이

---

* 어포던스(Affordance)란 어떤 행동을 유도한다는 뜻으로 행동유도성이라고도 하며, 이는 사물의 지각된 특성 또는 사물이 가진 실제적 특성을 어떻게 사용할 수 있느냐를 결정하는 근본적인 속성을 말한다. (도널드 노먼, 디자인과 인간 심리, 학지사, 1996, p.24)

루어지는 소통의 장소로도 자리매김하고 있다. 기존의 것을 허물고 재개발하는 시대는 지나가고 있다. 오래된 것을 부수고 새로운 것을 개발하는 데 몰두하는 것이 아닌 과거를 보존하면서 현대적인 상상력을 더해 퇴물로 사라질 건축물을 재생하는 접근을 통한 산업유산의 활용은 새로운 가치를 창조한다는 의미에서 중요한 대상으로 주목받고 있다. 이처럼 발전소의 단점을 장점으로 승화시킨 재생의 창의성은 버림받았던 도시에 활력을 불어넣어 주는 중요한 역할을 한다.

현대미술관(말뫼, 스웨덴)

Moderna Museet(Malmö, Sweden)

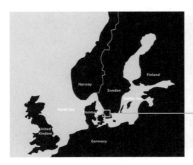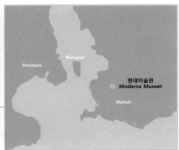

현대미술관이라 하면 모던한 건물을 떠올리기 마련이다. 그러나 말뫼의 현대미술관은 조금 다른 모습을 하고 있다. 획일적이고 지루해 보이는 건물들 사이에 어울릴 것 같지 않은 오렌지색 타공 파사드의 독특한 디자인이 오래된 건물들과 조화롭게 어울려 사람들의 발길을 모으고 있다. 오래된 건물을 허물고 다시 짓는 대신 예술을 통해 죽어 있던 심장을 다시 뛰게 한 것이다.

명칭 Moderna Museet 면적 2,650㎡ 위치 Malmö, Sweden 준공연도 2008-2009 용도 복합문화시설 이전용도 전기산업 공장 디자이너 탐 앤 비더가드

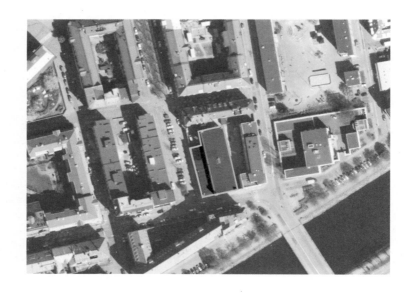

　말뫼에 위치한 현대미술관은 1901년부터 전기산업이 이루어졌던 곳이었으나 100년이라는 세월의 흐름에 따라 더 이상 제 기능을 하지 못한 채 방치되어 있었다. 그러다 2008년 스톡홀름 현대미술관의 별관으로 이 건물을 주목하게 되었고 건축사무소 탐 앤 비더가드 Tham & Videgard는 역사적인 건물을 그대로 둔 채 실험적이고 비형식적인 현대적 디자인 요소를 지닌 건물로의 탈바꿈을 제안하였다. 18개월이라는 짧은 기간 동안 설계와 시공이 진행되었으며, 2009년 12월 전기산업 공장은 공간에 대한 새로운 발상을 통해 말뫼에 활력을 불어넣는 문화·예술 장소로 다시 태어났다.

기존 건축물을 부분적으로 확장하고 그 부분에 현대적인 감각을 더한 말뫼 현대미술관

  스웨덴 말뫼의 시내 중심에 위치한 현대미술관은 1900년 이후부터 오늘에 이르기까지 현대 작가들의 명작을 만날 수 있을 뿐만 아니라 강의, 아티스트와의 회담, 영화 상영 등 다양한 체험을 할 수 있는 프로그램을 제공하는 문화·예술 공간이다. 기존 군용 훈련시설로 사용되던 장소를 현대미술, 파빌리언, 건축박물관, 전시갤러리 등을 포함하는 다양한 용도로 탈바꿈한 스톡홀름 현대미술관Stockholm Moderna Museet의 별관으로서 1901년부터 전기산업이 이루어졌던 공장은 현대의 예술작품을 전시하는 개성 넘치는 장소가 되었다.

1900년도의 건물 외관을 그대로 보존하였다.

오래된 건물의 벽돌과 오렌지색의 타공 파사드가 조화를 이루는 말뫼 현대미술관(출입문)

자연의 빛이 어우러져 따뜻함을 전해주는 미술관 내부

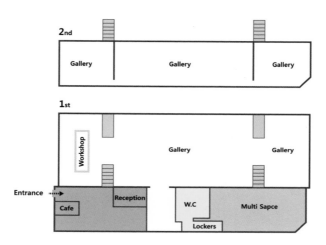

현대미술관 층별 구성도

　　오래된 벽돌 건물들 사이에 놓인 강렬한 오렌지색 외관에 눈길을 빼앗긴다. 현대예술작품을 전시하는 공간이라고 해서 꼭 현대적인 건축물이어야 필요는 없고, 과거 건축물을 재사용한 공간이라고 해서 꼭 과거의 형태를 그대로 보존해야 할 필요는 없지 않을까?

　　말뫼 현대미술관은 이러한 질문에 명쾌한 답을 주었다. 오래된 건물에 생명을 불어넣는 방법에는 여러 가지가 있겠지만 스웨덴 건축 사무소 탐 앤 비더가드는 기존의 변전소 건축물을 그대로 사용하여 건물의 역사성을 유지하고 외벽에 오렌지색의 스틸 타공판으로 파사드를 만들어 줌으로써 100년의 시간의 흐름을 견뎌온 오래된 건물에 현대적인 감각을 더하였다.

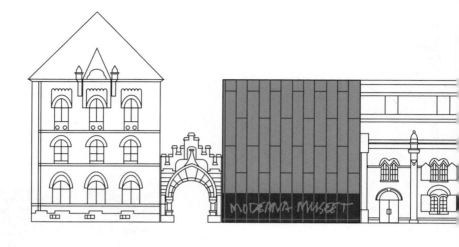

　건물의 내부는 외부만큼이나 화려하다. 오렌지색 스틸 타공판을 파사드로 사용한 것은 단순히 아름다움만을 위함이 아닌 또 다른 이유가 있다는 것을 건물 내부에 들어가보면 알 수 있다. 파사드의 뒷면에는 통유리를 끼워 자연의 채광을 이룰 수 있게 해주고 파사드의 유공은 내부로 들어오는 햇빛의 양을 조절해줌으로써 공간과 빛 그리고 유공이 다이내믹한 그림자 패턴을 생성해 활기찬 느낌을 준다.

　내부는 원색의 색채사용과 최소의 변경을 통해 내부공간을 재구성하였다. 업무공간을 새로 늘리기 위해 카페테리아, 디자인용품 숍, 갤러리 등을 새롭게 조성한 것이다. 로비에 있는 카페테리아, 디자인용품 숍은 외관과 마찬가지로 오렌지색으로 되어 있고, 두 개의 벽으로 둘러싸인 계단을 중심으로 공간을 프로그램에 따라 구분하였는데 작가들의 작품을 전시하는 거대한 박스형태 전시공간은 흰색을 사용하였다. 과거는 물론 현대 작가들의 작품까지 만날 수 있는 이곳에서는 전시뿐만 아니라 전시되고 있는 주제에 관한 강의, 워크숍 그리고 유치원생부터 고등학생들을 위한 창조학교 프로젝트를 통해

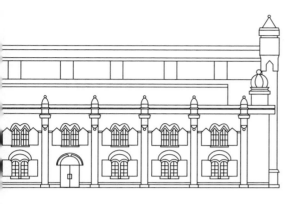

현대미술관 정면도

문화·예술 체험 및 교육 등 다양한 활동을 제공하고 있다.

부자연스러울 것 같던 현대적 감각의 파사드와 옛 건물의 절묘한 배합이 개성인 현대미술관은 이질적인 접목을 통해 과거와의 대비를 뚜렷하게 보여주고 있다. 100년의 역사를 가진 이 건축물은 말뫼에서 가장 아름다운 전시공간 중 하나로 선정되기도 하였다. 이처럼 기존 건축물의 역사적·사회적 가치를 유지하면서 전혀 다른 새로운 접목을 통해 과거와 현재 그리고 미래를 상징적으로 표현함으로써 장소에 대한 가치를 더욱 돋보이게 하고 있는 것이다.

현대미술관은 단순히 오래된 건물을 재사용한 것이 아니라, 오래된 이야기에 문화·예술이라는 이야기를 더해 새로운 문화시설로써의 모습을 보여주고 있다. 한 세기라는 세월을 거쳐 과거와 현재, 고전적인 전통과 현대적인 디자인이 예술이라는 콘텐츠를 통해 공존하고 있는 것이다. 이러한 공간에 대한 새로운 해석은 말뫼에 활력을 불어넣을 뿐만 아니라 예술이 가진 무한한 잠재력을 보여준다.

카펠리(헬싱키, 핀란드)

공장 굴뚝에 예술이 피어오르다

10여 년 전 버려진 전선공장이 예술가들의 공간으로 탈바꿈하였다. 건물에 물리적인 변화를 주기보다는 공간에 새로운 의미를 부여하여 의미론적인 내적 변화를 줌으로써 가동을 멈춘 공장에서는 전선이 아니라 예술가들의 창의적인 아이디어와 열정이 생산되고 있다. 최대 규모를 자랑하던 옛 공장이 지금은 핀란드 최대 규모의 문화·예술 발전소로 각광받고 있다.

명칭 KAAPELI **면적** 53,348㎡ **위치** Helsinki, Filand **준공연도** 1943 **용도** 복합문화시설 **이전 용도** 노키아 전선공장 **유동인구** 연중 2십만 명 **디자이너** 프로 카펠리(입주자협회)

Finish Cable Factory

Helsinki, Filand
1943

1943년에 지어진 카펠리는 1980년대 말까지 2천여 명의 근로자들이 전선을 생산하던 곳으로 핀란드에서 가장 큰 규모의 공장이었다. 1985년 사업 개편을 단행하고 건물의 일부를 지역의 예술가들에게 저렴하게 임대를 주었으나 1987년 공장이 문을 닫으면서 카펠리의 소유권을 헬싱키로 이전하는 데 동의하고 이곳을 주거용 신도시로 개발하기로 계획하였다.

하지만 이전부터 자리를 잡고 있던 예술가와 입주자들은 프로 카펠리Pro KAAPELI라는 협회를 만들어 자신들이 가꾸어 놓은 터전을 지키고 보전하는 동시에 공장을 효과적인 문화공간으로 재탄생시키고

자 하였다. 그리고 그들의 끊임없는 열정과 노력으로 1992년 전선을
만들던 공장은 예술·문화를 만들어내는 발전소로 거듭났다.

헬싱키 시내 남서쪽 루어홀라티Ruoholahti 지역 바닷가에 위치하고
있는 "카펠리"는 핀란드어 "KaapelitehdasCable Factory"의 줄임말로 전
선Cable을 뜻한다. 전선공장이었던 이곳은 현재 박물관, 갤러리, 댄스
공연장, 무용학교, 예술학교, 250여 개의 디자인 스튜디오와 예술가
들의 작업공간 그리고 레스토랑이 있는 핀란드 최대 규모의 복합 문
화예술공간으로 900여 명이 이 공간에서 일을 하고 있으며 연간 20
만여 명이 방문하고 있다.

A2에 위치한 헬싱키 시립 극장인 후르야루스 댄스 시어터(hurjaruuth Dance Theatre)

M1 구역에 있는 가장 큰 전시공간인 Merikaapelihalli

1939년부터 1954년까지 3단계에 걸쳐 건설이 진행된 카펠리는 1943년부터 1985년까지 전신, 전기, 전화선, 전선 등을 생산하던 곳이었다. 1967년 당시 지금처럼 휴대폰 생산업이 아닌 나무 펄프 가공과 전선·부품 제조에 주력하던 노키아Nokia가 이 공장을 매입하고 "Nokia KAAPELI"로 이름을 바꾸었다. 1985년 사업 개편을 단행한 노키아는 본격적으로 휴대폰 제조업에 뛰어들기 위해 회사를 헬싱키 시내 밖으로 이전하기로 계획하고 공장 건물의 빈 공간을 조금씩 지역의 예술가들에게 저렴하게 임대를 해주기 시작했다.

1987년 공장이 문을 닫으면서 노키아와 헬싱키 시는 이곳을 헬싱키 소유권으로 이전하는 데 동의하고 주거용 신도시로 개발하기로 계획하였다. 그러나 공장을 닫기 이전부터 자리를 잡고 있던 예술가들은 이에 저항하여 "프로 카펠리Pro Kappeli"라는 협회를 만들어 이 터전을 지키기 위해 싸웠다. 마침내 헬싱키 시는 공간을 변형시키지 않으면서도 효과적인 문화·예술 작업실로 사용하도록 허락하였고, 낡은 공장은 예술인들의 열기가 가득한 문화공간으로의 변신에 성공했다. 핀란드의 전선산업과 경기발전에 부흥을 가져다주었던 카펠리는 이제 문화·예술로 핀란드에 새 생명을 불어넣어주고 있다.

총 면적 53,348㎡, 총 높이 7층에 달하는 거대한 규모의 벽돌 공장 건물인 카펠리는 "U"자 형태의 구조로 되어 있으며 알파벳을 사용하여 공간을 구분해 놓았다. 알파벳으로 구분된 공간은 입구나 계단, 층수, 박물관 그리고 대여공간으로 분류된다. A·B·C·D·E·F·N·K·H는 입구나 계단, G는 박물관, T·P·V·M은 임대공간이며 아트갤러리는 B·C·D·E의 입구를 이용한다. 예를 들어 Galleria Vaaga는 "E4"

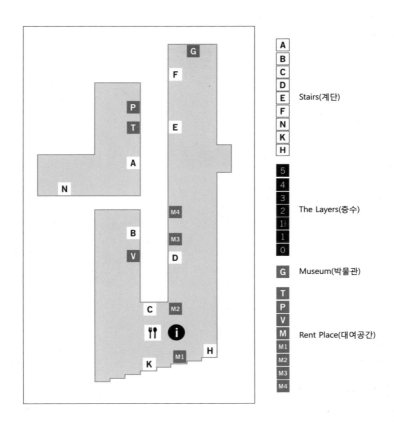

카펠리 공간구조

와 같은 형식으로 알파벳과 숫자를 합쳐서 표시하는데 E구역 계단
의 4층에 있다는 것을 의미한다.

더 이상 전선은 생산되지 않지만 예술가들의 창의적인 아이디어와 열정이 생산되고 있는 카펠리.
모든 것이 예술을 표현하는 도구가 된다.

과거를 그대로 보존한 채 특색 있는 조형물을 설치해 재미를 더한 카페테리아

벽에 큼직하게 쓰여 있는 알파벳만으로도
생동감 넘치는 문화·예술 공장임을 짐작할 수 있다.

작업실의 99%가 임대되고 있을 정도로 활발하게 운영이 되고 있는 카펠리의 임대공간은 규모에 따라 단기대여와 장기대여 2가지로 구분된다. 전시·세미나·콘서트·행사를 할 수 있는 규모가 큰 5개의 주요 공간Merikaapelihalli, Puristamo, Valssaamo, Pannuhalli, Turbiinisali은 단기대여가 가능하며, 사무실·스튜디오와 같은 개인 창작공간 및 창고는 장기대여를 하고 있다. 전시·세미나·콘서트 등 대규모의 행사에 적합한 단기대여 공간은 그 기능과 사용성에 따라 분류된다. M1 구역에 위치한 "Merikaapelihalli"는 해양용 케이블marine cable을 제작하였던 장소로 2,870명을 수용할 수 있는 가장 넓은 공간이다. 이곳은 박람회, 콘서트, 세미나, 전시회, 축제 등을 할 수 있는 장소로 기능성과 실용성을 강조한다.

천장이 높은 특징을 가지고 있는 "Pannuhalli"는 보일러 공장이었던 곳으로 연극이나 댄스 공연, 콘서트를 하기에 제격이다. 터빈홀이 있던 "Turbiinisali"은 무용·연극 등의 공연에, 압축작업을 했던 "Puristamo"와 압연작업을 했던 "Valssaamo"는 전시·공연·세미나 및 컨퍼런스 등에 적합하다고 한다. 이처럼 옛 모습 그대로 보존할 뿐만 아니라 그 특성에 따라 사용이 구분된 장소들은 이곳을 방문하는 관람객들에게 이색적인 공간 체험의 기회를 제공하고 있다.

또한 곳곳의 페인트칠이 지워진 벽과 낡은 벽돌 그대로의 옛 건물을 활용하는 것은 물론이고 무심한척 꾸미지 않은 듯 콘크리트와 칙칙한 분위기가 감돌지만 이것마저도 디자인이 아닐까하는 착각이 든다. 내부 곳곳에 과거의 흔적을 남겨 놓으면서 그들만의 새로운 아이디어를 결합한 공간구성은 개성 있는 분위기를 연출하고 있다. 그들에게 이곳은 단순히 일터의 공간이 아닌 꿈을 꿀 수 있는 또 다른 삶의 터전이며, 그러한 그들의 열정으로 전선을 만드는 공장은 예술·문화를 만드는 공장이라는 공간으로 변화될 수 있었던 것이다.

누구에 의해서가 아닌 주민들의 자발적인 노력으로 결실을 맺은 카펠리에서는 1년 내내 각종 이벤트, 콘서트, 전시, 박람회 등이 열리며 서로 다른 분야의 사람들이 모여 다양한 시너지 효과를 만들어내고 있다. 지역의 역사성을 간직한 채 "프로 카펠리"라는 협회를 만들고, 자신들이 가꾸어 놓은 터전을 지키고 보전하는 동시에 효과적인 문화공간으로 재탄생시키고자 한 그들의 노력이 있었기에 다양한 문화·예술이 어우러진 곳으로 자연스럽게 공공을 위한 매력적인 장소, 공공 공간으로 변화될 수 있었다고 생각한다. 이처럼 옛 모습 그대로 보존된 장소는 이곳을 방문하는 관람객들에게 이색적인 공간 체험의 기회를 제공하고 예술로 되살아난 공간이 도시의 경쟁력이 될 수 있다는 것을 보여준다.

RE:USE를 마무리하며

20세기 중반 후기산업사회로 진입하면서 산업과 물류의 변화로 인해 제조업이 발달했던 유럽의 산업은 구조적 변화를 겪게 되고, 도시들은 쇠락한 공장지대를 방치하게 된다. 이처럼 산업구조의 변화로 인해 가동을 멈춘 대다수의 산업시설은 폐기라는 현상을 초래하였다.

사회의 변화에도 불구하고 어떤 기능을 영원히 갖추고 있기란 쉬운 일이 아니며 그것을 유지하지 못할 때는 사라지는 것이 대부분이다. 하지만 산업시설이란 역사가 살아 숨 쉬는 현장이며 당시의 건축철학과 기술, 디자인과 예술성이 집약되어 있는 문화재적 가치가 있는 유산이라는 접근을 통해 수력발전소를 "와핑 프로젝트"라는 복합문화공간으로, 화력발전소를 세계 최대 규모의 현대미술관인 "테이트 모던 미술관"으로, 전기산업 공장을 "현대미술관"으로 그리고 전선공장을 "카펠리"라는 예술·문화공간으로 변화시킴으로써 발길이 끊겼던 장소에 사람들을 다시 불러모아 도시에 활력을 불어 넣고 있음을 확인할 수 있었다.

4가지의 사례 모두 산업시대의 유형적 건축물로, 19세기 중엽에서 현재까지 길게는 약 200년에 걸친 역사를 간직한 채 존재하고 있는 시대적 유산이다. 산업시대의 상징을 이루고 있던 화력발전소, 수력발전소, 전기산업 공장, 전선공장과 같은 거대한 시설을 '보존과 폐기'가 아닌 '보전과 활용'이라는 측면에서 고려되어 역사성과 지역의 특성을 살리고 예술과 문화가 공존하는 장소로 인지할 수 있는 중요한 요소로서 현시대에 이르러 또 다른 대표적 상징물로 활용되는 움직임이 세계 곳곳에서 나타나고 있는 것이다.

여기서 주목할 점은 보존가치가 큰 산업유산을 재사용해 문화와 역사를 재해석했다는 것이다. 역사와 문화가 고스란히 담겨 있는 과거를 보존하면서 현시대적인 상황과 아이디어를 더해 현존하는 공간을 단지 산업화의 유물로 보존하는 것이 아니라 새로운 가치를 갖는 공간을 창조할 수 있다는 것을 보여준다.

이처럼 새로운 가치를 창출한다는 의미에서 본다면 과거 산업시대의 유산은 도시 발전을 저해하는 요소가 아니라 지역의 역사적 가치와 정체성을 확립할 수 있는 주요한 요소로서 도시재생에 있어 주

RE:USE를 마무리하며

요한 자산인 것이다. 과거와 현재 그리고 미래가 어우러져 기존의 가치에 창의성을 보태어 전혀 새로운 공간으로 재탄생시킴으로써 우리 삶과 도시 문화의 질을 높일 수 있는 지속 가능한 아이디어라고 본다.

현대 사회에서 도시재생이라 함은 물리적인 개선뿐 아니라 그에 따른 환경·생태적인 보존은 물론이고, 경제·사회·문화의 지표를 통합적으로 발전시키면서 도심의 활력을 부활시키는 것을 포함하고 있다. 건축물을 허물지 않는다는 전제하에 새로운 용도로의 변경이 논의 되었을 때의 핵심은 공간들의 고유의 느낌을 최대한 간직하는 것에 있다.

기존의 외관만 남긴 채 이질적이고 단절된 이야기 구조로 공간을 채워 넣는 것이 아니라 공간 속의 이야기들을 끄집어내어 보다 의미 있게 만드는 것이다. 이 과정에서 건축가 그리고 디자이너의 날카로운 안목과 창의적인 아이디어가 큰 역할을 하게 된다.

　이처럼 오래된 것을 부수고 새로운 것을 개발하는 데 몰두하는 것이 아닌 과거를 보존하면서 현대적인 상상력을 더해 퇴물로 사라질 건축물을 재생하는 접근을 전재한 개발은 방법론으로서 창의적인 개념을 지니고 있다.

RE:VIVAL ▣

공간에 새로운 가치부여

니하운(코펜하겐, 덴마크)

스코그쉬르코고르덴(스톡홀름, 스웨덴)

템펠리아우키오 키르코(헬싱키, 핀란드)

RE:vival

　도시란 인간이 살고 있는 삶의 공간이며 이 도시는 인간이 살아
가는 총체적인 모습을 포함하고 있다.* 또한 도시는 인간이 태어나
살아가는 생명의 장소이자 사회적 장소로 그 도시가 생명이 있다는
것은 자연환경의 바탕 위에 사회적 환경이 추가된 장소를 의미**하기
도 한다. 정리하자면 공간이 자연환경, 즉 물리적 속성을 갖고 있다
면 장소는 인간과의 상호관계 속에서 삶·문화·기억·생태계 등의 속
성을 갖고 있는 것으로 장소라는 공간을 다르게 표현하는 말이 아
닌 "구체화된 공간"을 의미하는 것이라 할 수 있다. 결국, 공간은 장
소를 위한 여건을 제공할 수는 있지만 그 자체로서는 의미를 부여할
수 없으며 다만 어떤 특정한 장소로부터 그 의미가 부여된다는 것이
다. 따라서 도시는 단순한 "공간"이 아닌 그 시대의 시간과 공간이
끊임없이 영속적으로 살아 숨 쉬는 생명체로서 인류의 오랜 역사를
거치면서 완성된 문화의 총체적 "장소"인 것이다.

　도시는 역사 그리고 시간과 경험이 쌓인 의미 있는 장소로서 과거

---

*　유승호, 문화도시, 일신사, 2008, pp.239-240.

**　테오로드 폴 김, 도시클리닉, 시대의 창, 2011, p.153.

의 모든 기억들을 간직하고 있다. 이러한 측면에서 본다면 도시를 활성화시키기 위한 방법인 도시재생은 단지 도시의 한정된 공간 안에서 새로운 목적과 기능에 부합하도록 재구축하는 것이 아니다. 시대의 변화에서도 그 기능을 충실히 발휘할 수 있도록 오랜 역사의 과정이 함축된 이야기를 끄집어내고, 그 이야기들을 보다 의미 있게 만들어 공간에 가치를 더해 누적된 시간의 흔적, 가능성이 있는 장소로 살려낸다는 것은 인간과 소통할 수 있다는 측면에서 큰 의미를 갖는다 할 수 있다.

[RE:vival]편에서는 과거 생산과 일의 중심지였던 항구 주변공간을 소비와 즐김이 있는 장소로, 묘지라는 어두운 공간에 새로운 가치를 부가시켜 삶과 죽음이 공존하는 묘지공원이라는 장소로, 커다란 암석을 교회라는 장소로 회복시켜 아무 의미 없던 조용하고 지루해 보이던 공간을 새로운 가치를 지닌 장소로 변화시켜 도시에 활력을 주고 있는 사례를 살펴보고자 한다.

니하운(코펜하겐, 덴마크)

공장 굴뚝에 예술이 피어오르다

Nyhavn(Copenhagen, Denmark)

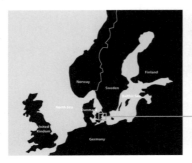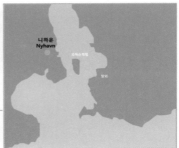

과거 선원들이 휴식을 즐기던 싸구려 선술집이 모여 있던 거리에는 예쁜 색깔의 오래된 집들과 건물들 그리고 야외 테라스를 갖춘 세련된 레스토랑이 늘어서 있다. 17세기 중엽 이래 교역으로 세계적인 명성을 얻었던 선원의 거리 니하운에는 술을 마시던 선원들 대신 옹기종기 따스한 볕 아래서 맥주나 커피를 즐기는 사람들로 가득하다. 수변공간이 지닌 특이한 공간구조와 특징을 발전시킨 니하운은 관광객들로 발디딜 틈이 없는 코펜하겐의 명소로 다시 태어났다.

명칭 Nyhavn   면적 53,348m²   위치 Copenhagen, Denmark   준공연도 1673

Since 1845, Nyhavn

Copenhagen, Denmark
1845

코펜하겐의 명소 중 하나인 니하운은 새로운 항구New Harbor라는
뜻을 가진 덴마크어로 1673년에 완성된 인공항구이다. 전 세계의 배
들이 이곳에 닻을 내렸고 주변에 운하가 생기고 위락시설이 들어서
면서 한동안 어항과 무역항으로 번성했고 선원들이 즐겨 찾는 선술
집이 있는 곳이었다. 하지만 급격한 산업화에 따라 배가 커지면서 항
구로서의 역할은 점점 축소되었고, 제2차 세계대전 후에는 코펜하
겐 외곽에 위치한 다른 항구로 이전되어 역할을 잃은 니하운은 점
점 쇠퇴해 갔다.

1977년 사회변화에 따라 방치되어가던 수변공간을 과거 생산과 일
의 중심지였던 공간에서 소비와 즐김을 위한 장소로의 변화는 니하
운에 새로운 활력소가 되어 주고 있다.

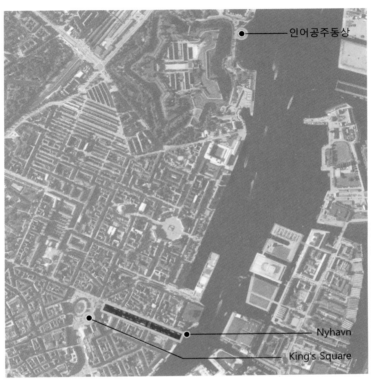

인어공주동상

Nyhavn

King's Square

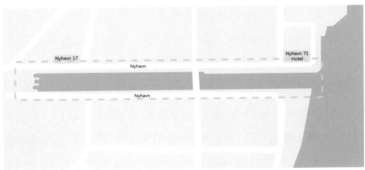

Nyhavn 17

Nyhavn

Nyhavn 71
Hotel

Nyhavn

과거 광장과 바다를 연결하기 위해 조성된 인공운하인 니하운 영역

물길이 도시 곳곳으로 퍼져 있는 물의 도시 코펜하겐. 코펜하겐의 가장 대표적인 관광지인 인어공주 동상이 있는 곳으로부터 강을 따라 남쪽으로 내려가면 작은 운하를 사이에 두고 양쪽으로 늘어선 형형색색의 목조 건물들로 독특한 매력을 풍기는 니하운을 만날 수 있다.

길이 400m, 폭 25m 그리고 깊이 3m의 니하운 운하는 덴마크어로 새로운 항구를 의미한다. 1670년대 초, 크리스찬 5세King Christian V가 바다에서 항해를 마친 뒤 도심의 콩겐스 광장King's Square까지 가기 위한 게이트웨이로 조성한 것으로 광장과 바다를 연결하기 위한 인공운하이다. 17세기 중엽 이후 교역으로 세계적인 명성을 얻으며 항구의 기능을 충실히 하던 니하운은 도시의 경제를 부흥시켜주고 도시에 활력을 가져다주며 선원들이 휴식을 즐기던 선술집 등이 모여 있는 북적이는 곳이었다. 하지만 바다로 나가는 배의 크기가 점점 커지면서 항구로서의 역할이 축소되었고 결국 기능을 상실하게 되었다.

1977년, 더 이상 운항하지 않던 버려진 배들과 문 닫은 술집으로 채워졌던 니하운은 오래된 선박들이 정박되어 있는 운하를 볼 수 있는 멋진 경치, 중세시대의 모습이 남아있는 거리 구조, 높지 않은 산뜻한 컬러의 건물 등이 아름다워 활기를 얻고 있다.

파란 하늘과 알록달록한 건물들이 옹기종기 모여 있는 니하운 거리의 모습은 마치 동화 속 레고 나라에 온 것 같은 착각이 든다. 안데르센 거리는 세계 여러 나라 어린이들에게 꿈과 희망을 준 작품들을 쓴 동화작가 안데르센이 거주했던 곳으로 유명하다. 이곳에 버려져 있던 오래된 선술집들은 즐거움과 편안함을 제공하는 아늑한 레스

다채로운 색상의 레스토랑과 노천카페, 그리고 그곳을 즐기는 사람들로 가득하다. 3세기라는 긴 역사를 지닌 니하운의 풍경은 유람선을 타고 돌아볼 수도 있다.

71 Nyhavn Hotel

역사성을 볼 수 있는 레스토랑 Nyhavn 17

토랑으로, 커다란 창고는 호텔이나 박물관으로, 오래된 배들은 그대로 보존함으로써 주변 전체가 박물관처럼 보이게 하였다. 이런 다양한 아이디어를 통해 역사를 머금은 항구와 레스토랑 그리고 노천카페가 어우러진 장소로 탈바꿈하여 새로운 역할을 수행하고 있다.

레스토랑, 바, 호텔 등 니하운의 여러 건물들이 재미있는 것은 과거의 모습을 보존한 것뿐만이 아니다. 300년 전 창고 건물을 호텔로 개조한 "71 Nyhavn Hotel", 선술집에서 요리를 즐길 수 있는 레스토랑으로 변신한 "Nyhavn 17" 등 과거의 번지수나 상호명으로 그대로 사용하고 있는 것이다. 이처럼 건물 하나하나의 고유한 역사와 문화적 기억을 완전히 지워버리지 않고 과거 상징물이었던 심상적인 이미지를 회복하고 고유한 아이덴티티를 살려 상징적인 장소 확보를 통해 지역민의 자긍심과 관광객 유치에 성공을 이루고 있다.

물과 육지의 두 가지 환경영역이 서로 영향을 주고 받는 합집합적인 공간 특성을 가진 니하운에는 운하를 따라 관광을 할 수 있는 유람선이 지나다니고 있다. 운하의 남쪽으로는 18세기의 고풍스런 건물들이 늘어서 있고, 북쪽으로는 나무·벽돌 그리고 석고로 만든 네모난 창이 많이 달린 화려한 파스텔 색조의 타운하우스들이 이어진다.

이처럼 역사적 가치가 있는 건축물의 형태는 가급적 유지하면서도 도시 활성화를 위해 상업시설·문화시설을 배치한 역사를 머금은 니하운의 풍경은 마치 한 폭의 그림처럼 아름답다.

도시에서 물이 차지하는 의미와 역할은 시대의 흐름에 따라 변해왔다. 급변하는 산업구조로 인하여 제 기능을 하지 못하는 수변공간

과거 항구의 규모를 짐작할 수 있게 해주는 돌다리 아치

운하 남쪽으로는 고풍스런 건물들이, 북쪽에는 파스텔 색조의 화려한 건물들이 이어지는 니하운

은 낙후되어 도시 문제의 원인이 되기도 한다. 니하운은 버려지고 방치된 공간을 도시를 되살리는 장소로 재개발하여 도시의 새로운 이미지를 창출하고 문화적 가치를 향상시켜주고 있다.

1673년 그리고 현재 긴 시간이 지났다. 하지만 강으로는 배가 다니고 사람들이 북적이는 모습은 그대로이다. 3세기라는 긴 역사를 지닌 니하운은 옛것에 품은 향수와 존경심이 중심이 되어 디자인된 공간이 사람을 끌어 모을 수 있다는 것을 보여주고 있다. 과거 산업

의 중심지로서의 산업문화나 역사를 기억할 수 있는 문화공간이자 도시의 관광자원으로 각광받고 있는 니하운은 역사와 예스러운 멋을 통해 과거와 현재가 공존하는 도시의 모습으로 더 큰 가치와 잠재력을 갖게 된 것이다. 선원들의 거리 니하운에서 더 이상 술을 마시는 선원들은 볼 수 없지만, 그곳의 아름다움을 즐기려는 사람들로 언제나 북적거린다.

스코그쉬르코고르덴(스톡홀름, 스웨덴)

Skogskyrkogården(Stockholm, Sweden)

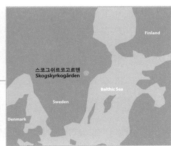

묘지와 공원 그리고 세계문화유산. 어울릴 것 같지 않은 이
세 단어가 모여 신개념 묘지공원이라는 새로운 장소를 탄생
시켰다. 1900년 초에 설립된 스코그쉬르코고르덴의 목표는
자연과 건축과의 완벽한 조합을 이루는 특별하고 독창적인
장소를 만드는 것이었다. 그리고 오늘날 이곳은 현대건축의
가장 중요한 작품 중 하나이며, 유네스코의 세계유산목록에
올랐다. 스코그쉬르코고르덴은 묘지라는 어두운 공간에 새
로운 가치를 부가시켜 삶과 죽음이 공존하는 장소로써 묘지
공원의 본보기가 되고 있다.

명칭 Skogskyrko gården(Woodland)　**면적** 53,348㎡　**위치** Stockholm, Sweden　**준공연도** 1920
용도 묘지공원　**이전용도** 채석장　**디자이너** 군나르 아스플룬트와 시그루트 레베렌츠

루터교*가 국교인 스웨덴은 화장 문화가 발달된 국가다. 스톡홀름 시의 경우 화장률이 70% 이상으로 매우 높으며 이중 산골散骨하는 비율도 50% 정도인 장묘 문화를 가지고 있다. 20세기 초반 묘지시설이 포화상태에 이르자 스톡홀름 시는 시민들이 쉽게 이용할 수 있는 장소에 기존 풍경에 있는 자연적 지세를 지나치게 바꾸지 않는 범위 내에서 대규모 공원묘지를 계획하였다.

1915년 개최된 국제현상설계를 통하여 젊은 건축가인 군나르 아스플룬트Erik Gunnar Asplund와 시그루트 레베렌츠Sigurd Lewerentz가 제출한 안이 채택되면서 나무만 무성했던 30만 평의 채석장이 묘지공원으로 재탄생하였다. 레베렌츠가 전체 조경을, 아스플룬트가 건축을 담당한 이 프로젝트는 자연과 건축과의 완벽한 조합을 이루는 특별하고 독창적인 장소다. 현재는 10만 기가 넘는 묘지가 있으며 5개의 예배당에서는 매년 약 2천 건 이상의 장례식이 거행되고 있다.

우드랜드 묘지Woodland Cemetery를 뜻하는 스코그쉬르코고르덴이하 우드랜드 묘지공원은 스웨덴 스톡홀름의 중심부, 엔스케드Enskededalen 지역 남쪽에 위치하고 있다. 묘지를 중심으로 만든 신개념 묘지공원으로 세상에서 가장 아름다운 묘역으로 손꼽히는 우드랜드 묘지공원은 묘지란 죽음만이 존재하는 두려움이 있는 혐오시설이 아닌 자연과 어우러져 삶과 죽음이 함께 공존할 수 있는 아름다운 공간이라 말하고 있다.

---

*　루터교(Lutheranism 또는 Lutheran Church): 독일의 종교개혁자 마르틴 루터의 복음주의 사상에 따라 세워진 개신교 교회

1914	— 국제 현상 설계 공모
1915	— 군나르 아스플룬트와 시그루트 레베렌츠의 제출안 당선
1920	— Woodland Chapel
1925	— Chapel of Resurrection
1939	— Granite Cross
1940	— Crematorium and it's three Chapels : Faith, Hope, Holy Cross
1961	— Menorial Garden
1994	— Skogskyrkogården inscribed on UNESCO's World Heritage List

　　25년이라는 시간을 거쳐 군나르 아스플룬트와 시그루트 레베렌츠가 설계한 우드랜드 묘지공원은 타협적이고 현실적인 개념이 아닌 자연을 핵심으로 그 존재감을 분명하게 드러내고 있다. 처음 우드랜드 묘지공원이 설립될 당시에는 기독교만이 사용할 수 있었고 화장시설과 납골당도 없었다. 하지만 1930년대에 들어서면서 종교를 초월하여 묘지에 대한 논의가 활발하게 진행되었고, 현재는 스톡홀름 시민뿐만 아니라 외국인도 사용*할 수 있는 장소가 되었다.

---

*　　김정후, 유럽의 발견, 동녘, 2011, p.250.

　　납량특집 소재로 자주 등장하는 오싹한 공간인 묘지에 공원이라
니… 묘지가 있는 곳이란 죽음이 있는 두려운 장소로만 생각하였기
에 그곳을 돌아보기 전까지는 "묘지공원"이라는 단어를 이해할 수
없었다. 벨기에 시인 모리스 메테르링크Maurice Maeterlinck가 쓴 〈빛이 지
나가는 길A light of Passage〉의 시구를 건축화**시킨 이곳은 마치 한 편의
시를 체험하는 것 같은 경험을 제공하고 있다. 입구 앞에 길게 펼쳐
진 돌담길 양옆으로 빽빽하게 서 있는 나무들이 그늘을 만들어주고
있으며, 그 길이 끝날 즈음 돌담길이 녹색언덕과 그리고 그 언덕은 파
란 하늘과 맞닿아 있다.

**　문화우리, 북위 50도 예술 여행, 안그라픽스, 2010, p.239.

Graves(묘지)

Chapel of Resurrection(부활의 교회)

Seven Springs Way(일곱 우물의 길)

Visitors Center(안내소)

Greta Garbos grav(그레타 가르보 묘지)

Woodland Chapel(숲속 예배당)

Almhöjden(회상의 숲)

Woodland Crematorium(화장터)
Three Chapels(3개의 교회)

Granite Cross(화강암 십자가)

돌담길

입구

잔디 ■숲 ■보행통로

주요 시설 위치 및 보행로

이 길을 따라 걷다보면 하늘을 만날 수 있을 것 같은 묘한 신비감
이 발걸음을 이끈다. 인간의 삶에 있어서 자연친화적이란 요소는 어
느 곳에나 적용된다는 이야기처럼 공동묘지라는 공간에 적용된 자
연요소 또한 기대하지 못했던 편안함을 제공한다. 화장시설과 묘지
시설뿐만 아니라 추모장소 기념묘소, 유골 안치소 및 유골을 보관할
수 있는 보관소도 마련되어 있는 이곳은 자연 요소를 이용한 녹지

1994년 유네스코 세계문화유산 목록에 올라갔음을 알려주는 입구 벽면에 설치된 푯말

공원으로 친근하고도 자연스러운 경관을 조성함으로써 죽음 그리고
묘지에 대한 부정적인 이미지를 해소시켜준다.

1994년 유네스코 세계문화유산으로 지정된 우드랜드 묘지공원은
땅의 형성, 자연 그리고 건축이 어우러져 완벽한 기능적 조화를 이
루고 있으며, 전 세계의 현대적 묘지 조성에 영향을 미친 사례이기
도 하다. 어떤 유산이 세계유산으로 등재되기 위해서는 한 나라에
머물지 않고 탁월한 보편적 가치가 있어야 한다. 이에 유네스코 위
원회에서는 이곳의 보편적 가치 속성에 대하여 20세기 초기의 경관
과 공동묘지의 기능에 적합한 건축설계로서의 자질을 높이 평가하
고 있으며, 이에 세계문화유산으로 지정된 기준에 대하여 명시해 두
고 있다.

　　유네스코 세계문화유산에 명시된 것처럼 자체적인 자연의 특수성과 녹음의 편안함이 잘 어우러진 우드랜드 묘지공원은 숲이 단순한 배경이 아닌 핵심으로서 자연의 존재감을 분명하게 드러내고 있다. 잘 짜인 동선을 따라 걷다보면 긴장도 하고 때로는 이완하며 산자로 하여금 경건한 의식 속에 걷도록 유도*함으로써, 동선을 따라 공간을 지나다보면 삶과 죽음에 대한 순차적인 연출을 경험할 수 있게 된다.

*　　승효상, 건축 사유의 기호, 돌베개, 2004, p.45.

하늘로 향한 거대한 화강암 십자가는
삶과 죽음의 경계를 넘어 다른 세계로 들어가는
소통의 인터페이스다.

　　입구에 들어서면 넓은 들판과 하늘을 가로지르는 거대한 화강암
십자가Granite Cross가 사람들을 반기고 있다. 우리는 십자가라 하면 사
랑·행복보다는 고통을 떠올리기 마련이다. 하지만 이곳에서 만난 십
자가는 고통의 상징이자 은유가 아닌 삶과 죽음의 경계를 넘어 다른
세계로 들어갈 수 있는 상호작용이자 소통의 지점인 인터페이스의
역할이라는 생각이 든다. 1939년 아스플룬드가 디자인한 십자가는
서로 이질적인 그러나 인접한 것 사이에 있어서 조화로운 소통과 새
로운 창조를 구축해줌으로써 생生과 사死를 다시 한 번 생각하게 해
주는 매개체인 것이다.

12사도를 의미하는 12그루의 나무가 심어져 있는 명상의 숲   일곱 우물의 길

1939년 이름을 밝히지 않은 기부자의 후원으로 세워진 화강암 십자가

십자가의 왼쪽에는 첫 번째 교회인 숲속 예배당Woodland Chapel의 공간이 부족하여 1940년에 설계된 믿음교회, 소망교회, 거룩한 십자가 교회Chapels of Faith, Hope, and the Holy Cross와 화장터Crematorium가 있다. 십자가의 오른쪽, 즉 화장터의 맞은편에는 경사가 완만한 언덕에 명상의 숲이 있다.

12그루의 느릅나무가 심어져 있는 이 숲의 끝자락은 길이 888m에 달하는 "일곱 우물의 길"과 이어져 있다. 가지가 늘어진 자작나무가 양쪽 길가에 심어져 있고 뒤로는 소나무와 전나무가 차례로 줄지어 서 있는 이 길은 걸어갈수록 점점 어두워지다 마침내 그 길의 끝에서는 부활의 교회를 만나게 된다. 다른 종류의 나무를 심어 점점 어두워지게 함으로써 이 길을 걷는 동안이나마 조금 더 차분하고 경건한 느낌을 갖기를 희망하는 레베렌츠의 뜻을 엿볼 수 있다. 1㎞도 채 안 되는 이 길을 지나는 것은 단순히 걷는 것이 아닌 삶과 죽음에 대해 생각해 볼 수 있는 한 편의 아름다운 서사시와 같다.

넓은 들판, 푸른 하늘 그리고 모던한 건축물의 아름다운 풍경에 매료되어 넋을 놓고 걷다 무성한 숲속으로 다가가면 숙연해지곤 한다. 길을 따라 걷다보면 산골장소인 "기억의 땅"을 지나게 되는데 그곳에서는 자연을 훼손하지 않고 대지의 특징과 숲 자체를 그대로 살려 나무숲에 조성된 묘역을 볼 수 있다. 숲속 이곳저곳에 있는 많은 묘들을 보면 인간을 자연의 일부로 생각하는 스웨덴인의 문화를 엿볼 수 있다. 이는 마치 산책을 하며 인사를 나누라는 죽은 자를 향한 건축가의 작은 배려가 아닐까 생각해본다. 많은 사람들이 이곳을 방문하고 산책을 하면서 소통을 한다면 그들은 이곳에 있지만 외롭

기억의 땅

나무가 무성한 숲속에 자리하고 있는 묘와 산골 장소

지 않을 것이다.

그리고 그곳에는 영화계 역사에서 가장 유명한 여배우 중의 한 명인 스웨덴 출신의 그레타 가르보Greta Garbo의 묘가 있다. 그녀는 이곳의 아름다움에 반해 사후에 묻히겠다고 했다고 한다. 그리고 우리는 이곳에서 그녀를 기억할 수 있게 되었다.

그레타 가르보의 묘지

이처럼 우드랜드 묘지공원은 사람들에게 자연과 건축의 아름다운 조화 속에 시적인 공간을 통해 삶과 죽음이란 하나로 연결된다는 것을 표현하고 있다. 이곳에서 느낀 묘지는 더 이상 납량특집의 소재가 아닌 "삶과 죽음이 공존하는 곳" 그리고 "죽은 자들에게는 편안한 안식처이며 산 자들에게는 편안한 공원"으로 죽은 자와 산 자가 소통할 수 있는 장소다. 화장은 죽은 자의 흔적을 지워버리는 것이 아닌 공간의 새로운 가치를 부가시켜 자연과 인간을 대하는 그들만의 삶의 방식을 엿볼 수 있다.

누구에게나 죽음은 무서운 존재일 것이다. 하지만 "무엇인가 미래를 알고 싶으면 먼저 이미 지나간 일을 살펴보라欲知未來 先察已然(욕지미래 커든 선찰이연이니라)"라는 명심보감의 한 구절처럼 내가 지은 업보*에 따라 내 앞날이 펼쳐진다니 죽음의 두려움보다는 삶과 죽음 그 중간에서 나를 되돌아보고 하루하루를 어떻게 지내야 할지를 생각해보게 된다.

---

*   업보(業報): 쌓아놓은 베풂의 흔적

템펠리아우키오 키르코(헬싱키, 핀란드)

Temppeliaukio Kirkko(Helsinki, Finland)

헬싱키 시내 한가운데에 커다란 암석언덕이 있다. 자세히 보면 암석의 머리 부분에 유리 지붕이 있고 언덕 위에 조그마한 십자가가 보인다. 암석교회로 잘 알려져 있는 템펠리아우키오 키르코, 암석교회이다. 이 교회는 가공되지 않은 자연 그대로에 사람의 흔적을 최소로 줄여 공간에 새로운 가치를 부여했다. 암석 언덕 속에 예배공간을 만들어냄으로써 건축과 자연을 하나로 통합한 작품으로, 자연을 아끼고 사랑하면서 자연과 잘 어우러져 있는 건축물을 설계하는 핀란드만의 독특한 디자인 철학을 보여주고 있다.

명칭 Temppeliaukio Kirkko **면적** Dome 16m / 43ft heights **위치** Helsinki, Filand **준공연도** 1969
용도 Religious buildings **디자이너** 티모 앤 투오모 수오말라이넨

　　헬싱키 중심의 사원광장Temppeliaukio에는 암석으로 된 언덕이 있었다. 1930년 초, 이 자리에 새로운 교회건물을 세우고자하는 계획과 함께 많은 건축공모전이 진행되었으나 1939년 시작된 제2차 세계대전으로 인해 모든 것이 중단되고 말았다. 1961년 자연적인 특성, 특히 화강암 암석 언덕을 보존하고 자연에 가까이 있다는 기분을 느끼게 하자는 티모 앤 투오모 수오말라이넨Timo and Tuomo Suomalainen 형제의 설계안이 공모전에서 채택되면서 1968년 2월 공사가 시작되었다. 커다란 암석을 다이너마이트로 폭파해서 공간을 만들고 교회를 지은 독특한 건축형태의 템펠리아우키오 키르코는 1969년 9월 28일 완성되었으며 매년 전 세계로부터 약 50만 명의 사람들이 방문을 하는 명소가 되었다.

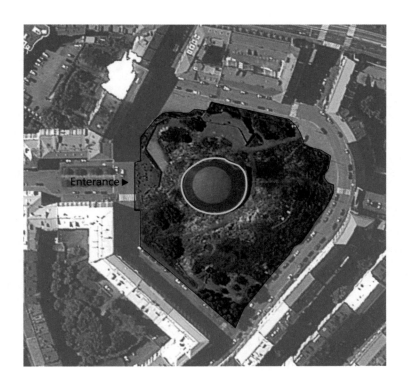

하늘에서 내려다보면 초록색 원반 혹은 땅에 박힌 우주선처럼 보이는 템펠리아우키오 키르코는 "사원광장Temppeliaukio" "교회Kirkko"를 뜻하는 핀란드어로 헬싱키의 중심 주거구역에 위치하고 있다. 천연 암석을 파내어 만든 독특한 형태 때문에 "암석교회Rock Church or Church in the Rock"로도 잘 알려져 있는 템펠리아우키오 키르코이하 암석교회는 루터교 교리와 핀란드 자연환경의 조화를 잘 보여주는 독특한 양식으로 지금까지의 전형적인 교회건축 스타일을 탈피한 핀란드만의 대표

18억 5천만 년의 지질구조를 그대로 사용한 암석교회.
입구 오른쪽의 작은 구리 십자가가 이곳이 교회임을 말해준다.

적인 건축물*로 각광받고 있다.

커다란 암석 언덕의 꼭대기에 초록색 돔이 살짝 솟아 있는 암석교회의 외관은 교회라는 생각이 전혀 들지 않는다. 암석을 최대한 자연스러운 형태로 보존하면서 교회건축의 특징을 살린 이곳은 입구에서부터 동굴 속으로 들어가는 느낌이다. 교회 홀의 바닥은 입구와 이어진 프레드리킹카투 거리Fredrikinkatu Street; 메인거리와 수평을 이루는데, 이 입구를 지나 홀로 들어서면 으스스하고 찬기가 돌 것이라고 짐작하겠지만 그 내부는 놀랄 만큼 밝고 따뜻하다.

안으로 들어서면 2만 4천m의 구리선을 촘촘히 감아 둥글게 만들어진 높은 돔 형태의 천장이 우뚝 솟아 있다. 실제로는 13m 높이밖에 안 되지만 착시효과로 더 높아 보이는 천장을 올려다보면 저절로 감탄사가 나온다. 돔 형태의 천장을 제외한 모든 내벽은 모두 기존의 암석으로 이루어져 있다. 천연 암석을 다듬지 않은 거친 내부 벽면에는 이끼가 자라고 있으며 암벽 사이로 흐르는 물줄기를 이용해 습도를 조절한다. 구리선을 감아 만들어진 천장의 돔과 화강암 벽은 콘크리트 들보가 연결해 주고 있다. 이 들보 사이사이 유리로 덮여 있는 180개의 채광창을 통해 자연광이 교회 내부로 유입되는데, 그 어떤 인공조명으로는 표현할 수 없는 자연만의 은은하고 아름다운 빛이 시간에 따라 공간의 모습을 변화시키며 동시에 공간을 더욱 생기있게 만들어준다.

*   문화우리, 북위 50도 예술 여행, 안그라픽스, 2010, p.205.

구리선을 촘촘히 감아 둥글게 만든 천장과 깨어낸 화강암 사이사이에 설치되어 있는 채광창의
조화

이색적인 멋을 뽐내고 있는 3,100개의 파이프를 가진 커다란 파이프 오르간

　이처럼 거친 암석과 자연의 빛이 어우러지는 모습은 자연 친화적일 뿐만 아니라 아름다움이 더욱 돋보이는 공간을 연출하고 있다. 또한 자연의 음향효과를 충분히 고려하여 음향전문가와 지휘자가 처음부터 건축설계에 적극적으로 참여한 결과, 뛰어난 음향시설을 갖추게 되었다. 이 교회에서는 예배뿐만 아니라 결혼식, 콘서트, 시민음악회 등의 행사가 열리기도 하는데, 그 어떤 공연장보다 훌륭한 소리를 담아내는 공간으로 수많은 음악가들이 인정하고 만족스러워하는 장소이다.*

---

*　안애경, 핀란드 디자인 산책, (주)백도씨, 2009, p.182.

깨어낸 화강암 사이사이에 설치되어 있는 180개의 채광창.
자연광을 최대한 끌어들일 수 있는 구조다.

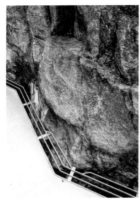

벽을 타고 흐르는 물이 빠질 수
있도록 디자인된 벽과 바닥 사이
의 공간

자연의 따뜻함을 지닌 암석교회의 내부

자연 재료 그대로를 이용하되 과하게 꾸미지 않고 최소한으로 최
대의 시각적 효과를 끌어들일 수 있도록 설계된 암석교회는 검소
한 루터교 교회의 원칙을 따르고 있다. 주변의 자연물과 빛은 음악
과 마찬가지로 예배당 안에 들어온 이들이 종교적 의식에 더욱 집
중할 수 있도록 만들어준다.* 이처럼 공간 안에서 따뜻한 자연의 품
을 느낄 수 있을 뿐만 아니라 암석 속의 공간이라는 특별한 체험을
할 수 있다.

*   마크어빙, 죽기 전에 꼭 봐야 할 세계 건축 1001, 마로니에북스 2009, p.569.

성수를 담은 그릇 또한 큰 바위를 사용

등산 금지(climbing prohibited)를 알리는 푯말

자연과 조화를 이루고 있는 독특한 건축 형태를 자랑하는 암석교회

  암석교회는 18억 5천만 년이나 된 지질구조를 그대로 사용한 세계에서 제일 오래된 교회라 할 수 있는 긴 역사성을 가지고 있다. 자연을 이용한 독특한 디자인을 강조하되 주목적이 교회라는 사실을 잊지 않고, 복잡한 장식을 주기보다는 그 자체의 특징을 이용해 성역의 순수한 분위기를 자아냈다. 또한 건축물을 땅으로부터 분리시키지 않고 외부환경과 어우러진 살아 움직이는 형태로 보여줌으로써 자연환경과 혼연일체를 이루고 있다. 이는 교회 또한 연속되어 펼쳐진 드넓은 자연환경의 일부임을 말하고 있다.

  자연과 소통하는 핀란드만의 디자인 특징을 말해주듯이, 도시 한복판에 있던 거대한 암석을 없애지 않고 최대한 자연 그 상태를 유지하고 최소한의 인공미를 더해 새로운 공간을 탄생시킨 암석교회는 그저 커다란 암석 언덕이었던 곳을 자연과 신앙이 공존하는 신성한 장소로 다시 태어나게 한 것이다. 자연에 순응하고 친화적으로 살아가면서 주어진 자연을 다른 용도를 위해 파괴하는 것이 아닌, 최대한 활용하고 그곳에 문화를 접목함으로써 "공간의 새로운 가치"를 부여하고 있는 것이다.

RE:VIVAL을 마무리하며

도시재생의 목표는 도시를 활성화시킴으로써 도시의 발전을 촉진하고 지역민의 삶을 풍요롭게 하는 데 있으며, 재생의 성패는 어떤 가치를 어떻게 창의적으로 활용하느냐에 달려 있다. 이러한 개념에서 본다면 아무 의미 없이 방치되어 있던 공간의 기억을 완전히 지워버리는 것이 아닌, 새로운 가치를 더함으로써 활용가능성을 살려 고유한 아이덴티티를 지닌 상징적인 장소로 탈바꿈한다는 것은 매우 의미 있는 일이라 할 수 있다.

광장과 바다를 연결하기 위한 인공운하 그리고 과거 선원들이 휴식을 즐기던 싸구려 선술집이 모여 있던 거리를 역사를 머금은 코펜하겐에서 가장 아름다운 항구로 변화시킨 니하운, 자연과 건축의 조화 그리고 삶과 죽음이 공존하는 장소로서 두려움의 대상이었던 묘지의 인식을 변화시킨 스코그쉬르코고르덴 묘지공원, 마을 한가운데 있던 오래된 바위를 교회라는 새로운 장소로 바꾼 템펠리아우키오 키르코. 이 3가지 사례의 공통점은 주어진 환경조건에서 가치를 새롭게 창출할 수 있는 방법을 찾아내었다는 것이다. 결국 그 지역이 갖고 있는 오래전 모습을 간직한 공간에 가치를 더해 의미 있는 장소로 재탄생시켜 이야기가 있는 장소로 만들어내었다. 특성과 의미 그리고 잠재적 가치를 발견하는 것은 과거부터 현재 그리고 미래를 이어주는 매개체인 동시에 그 존재만으로도 상징이 될 수 있다는 것을 사례를 통해 말해주고 있다.

"도시의 옛 장소를 훼손하는 것은 곧 도시의 존재를 증명하는 그 지역의 시간을 파손하는 행위로 그 존재의 신분을 지워버리는 일"* 이라고 한다. 즉, 도시는 장소에 내재된 오랜 역사의 과정이 함축된 개념으로 형성된 형태에서 지금까지 거쳐온 시간과 장소의 개념이 표현되어 있을 때 그 가치가 더욱 빛나는 것이다. 결국 아무런 변화 없이 오랜 세월을 지나온 것이 아닌, 새로운 가치를 부여하였을 때 새로운 가능성이 있는 장소로서 세계인의 관심을 불러일으키고 그곳으로 사람들을 불러모으는 것이다. 도시를 재생하는 데 있어 단지 예쁘고 화려한 겉모습에만 신경쓰지 않고 가치를 지닌 장소로서 조화를 이끌어낼 수 있을 때 비로소 도시를 살리는 힘을 얻게 되는 것이다.

* 테오로드 폴 김, 도시클리닉, 시대의 창, 2011, pp.166-167.

RE:VITALIZATION 🏠

도시 커뮤니티의 새로운 활력

바비칸(런던, 영국)

아라비안란타(헬싱키, 핀란드)

외레스타드 시티(코펜하겐, 덴마크)

RE:vitalization

도시는 시대별 그 도시가 속한 국가적·사회적·경제적 여건에 따라 주거환경 및 도시기능 요구에 발맞춰 끊임없이 변화와 발전을 진행하여 왔다. 특히, 도시화가 진행됨에 따라 도심으로 집중되는 인구로 인해 과밀지구가 발생하여 주택의 노후화와 불량화, 교통난, 각종 도시기반 시설이 부족해지는 문제를 불러왔다. 이러한 현상은 도시의 침체 지역을 만들게 되었다. 그리고 이렇게 침체되어 공백으로 남은 지역은 상업의 몰락과 함께 슬럼화됨에 따라 주거지로서의 활력마저 잃어가며 도시 불균형이라는 더 큰 문제의 원인이 되었다.

이에 세계 각국에서는 슬럼화된 도시의 재건과 인구집중 등 갈등 구도 속에서 도시의 균형을 잡기 위해 효율적인 시스템을 통한 주거단지를 건설하고자 다양한 방법을 시도해 도시재생 프로젝트를 진행하였다. 지역의 특성에 따라 조금씩 차이가 있겠지만 이들의 공통된 특징은 도시환경을 개선시키는 것을 목적으로 도심 공동화를 방지하고 침체된 도시경제를 활성화시키기 위하여 새로운 기능을 도입하고 창출함으로써 물리적 측면에서 뿐만 아니라 사회·문화적으로 재활성화를 위해 추진되고 있다.

이들은 주거단지로의 역할에 상업, 교육, 문화의 복합 그리고 수변 공간, 산책 공간 등 친환경적인 측면을 더하여 도시 안의 작은 도시와 같은 구조인 도시 커뮤니티를 형성하고 있는 것이다. 커뮤니티를 일정한 지역이나 공간에서 공동체 의식을 갖고 생활하는 사회조직체의 개념으로 본다면, 활성화된 도시 커뮤니티는 지역 내 거주자들이 편안함을 느끼며 우리라는 공동체의 삶을 안전하고 쾌적하게 유지할 수 있도록 창조해 나갈 수 있는 공간이다.

[RE:vitalization]편에서는 단순한 물리적 대상으로서 건축 배열을 통해 형성된 도시가 아닌 여러 세대를 거치며 발생해 온 도시의 불균형 문제에 대응해 보고자 하였다. 기존의 주거단지 개념에서 벗어나 지역의 특성과 사회공동체 개념을 지니고, 새로운 차원의 경쟁력 있는 도시 커뮤니티를 탄생시켜 활력을 되찾고 있는 사례를 살펴보고자 한다.

바비칸(런던, 영국)

제2차 세계대전이 끝날 무렵 바비칸 지역은 심한 폭격을 맞았고, 런던을 지키던 커다란 성곽이 붕괴되면서 지역은 폐허로 변해버렸다. 수세기가 지난 지금 역사적 아픔이 남아 있는 그곳에는 문화·예술·교육·주거를 모아놓은 복합문화시설이 들어섰다. 도심 주거의 새로운 가능성을 보여줄 바비칸이라 불리는 도시 속의 또 다른 도시이다. 역사의 흔적을 더듬어 볼 수 있는 바비칸은 과거와 현재를 오고 가는 새로운 공간으로 재탄생한 것이다.

명칭 Barbican　　**면적** 24.8ha　　**인구밀도** 570명/ha　　**위치** London, England　　**준공연도** 1965–1981
용도 복합문화시설　　**이전용도** 성벽이 구축된 요충지　　**디자이너** 챔벌린, 파월 앤 본

London wall collapsing

London , England
1940

　바비칸 지역은 19세기 중반 1만 4천 명 이상이 살고 있던 복잡한 도시였으나 1940년 제2차 세계대전의 폭격으로 인해 지역이 완전히 파괴되면서 사람들은 떠나고 폐허로 방치되었다. 이에 런던 시는 런던 도심의 바비칸 지역에 새로운 주거와 문화가 공존하는 단지를 만들기 위한 계획을 추진하였다.

　열린 공간에 비중을 두어 가능한 많은 주거단지를 확장하여 주거문제를 해결하자는 목표로 시작된 이곳은 전쟁 직후인 1956년 복구계획에 들어갔다. 런던개발공사City of London Corporation의 재정지원이 1959년에 확정되자 6단계에 걸쳐 27년이라는 긴 시간을 통해 완성되었다.

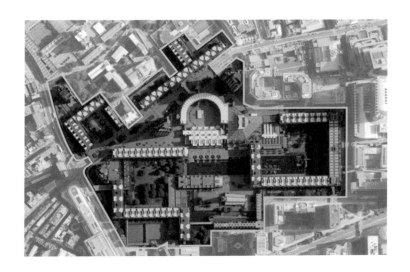

　　런던 도심에 위치한 바비칸 지구는 주거지역, 호스텔, 대형 콘서트 홀, 극장과 전시관, 영화관, 도서관, 회의장, 학교, 교회, 사무실, 레스토랑 등 주거·문화·교육을 모아놓은 복합문화공간으로 도심주거의 새로운 가능성을 보여주고 있는 곳이다. 요새화된 전초기지 또는 통로의 의미를 지닌 라틴어 "Barbecana"에서 유래된 바비칸은 단어의 의미와 연관되도록 디자인되어 이를 연상케 하는 해지, 포탑, 가늘게 베인 수직 형상 같은 것들을 포함*하고 있다.

*　　마크어빙, 죽기 전에 꼭 봐야할 세계건축 1001, 마로니에북스, 2009, p.592.

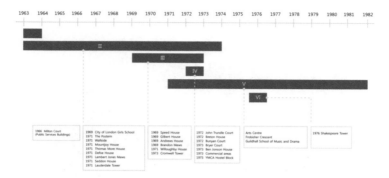

개발 프로세스

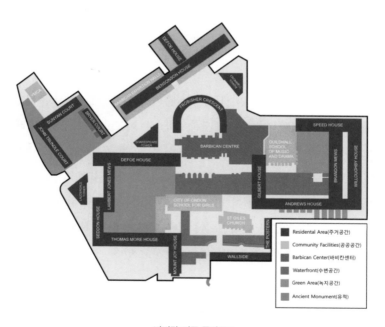

바비칸 지구 공간구조

1940년 12월 29일, 전쟁의 폭격은 14ha약 140만㎡에 해당되는 지역을 완전히 파괴시켰다. 폭격으로 파괴되어 슬럼화된 도시의 재건과 급격하게 감소한 주거인구를 늘리기 위한 목적으로 바비칸 지구 복구계획이 1950년대에 추진되었다. 그 후 10년의 기획과 검토 기간을 거쳐 1982년에 문을 연 장기 프로젝트로, 다음과 같이 6단계*를 통해 새로운 개념의 도심 복합문화시설로 탄생하였다.

가장 처음 지어진 건물은 다양한 서비스 시설이 포함되어 있는 밀튼 코트Milton Court였다. 주요 주거공간에 대한 개발은 Ⅱ, Ⅲ, Ⅳ단계에 나누어 진행되었다. Ⅴ단계에서는 런던 심포니 오케스트라의 본거지가 있는 바비칸 센터Barbican Centre가 그리고 Ⅵ단계에서는 마지막 주거시설인 셰익스피어 타워Shakespeare Tower가 개발되었다.**

넓고 오픈된 공간설계를 주된 미학으로 하여 원주로 둘러싸인 답답하지 않은 독특한 구조의 바비칸 지구는 문화·예술공간인 바비칸 센터와 주거를 위한 아파트주거동 그리고 다양한 커뮤니티 시설이 조화를 이루고 있다.

43층 높이의 고층 아파트 3동Lauderdale Tower, Shakespeare Tower, Cromwell Tower과 중층건물 18동Ben Jonson House, Brandon Mews Breton House, Bryer Court, Bunyan Court, Defoe House, Frobisher Crescent, Gilbert House, John Trundle Court, Lambert Jones Mews, Mountjoy House, The Postern, Seddon House, Speed House, Thomas More House,

---

* Barbican Listed Building Management Guidelines, Volume I, City of London Corporation, 2005, p.22.

** University of Westminster, Taking the Industry Out of the Dark Ages "Building the barbican 1962–1982", The Leverhulme Trust, 2012, p.7.

Wallside Willoughby House으로 구성되어 있는 주거공간에는 현재 약 6천5백여 명이 거주하고 있다. 런던의 대표적인 문화 콤플렉스인 바비칸 센터는 2,026석의 큰 규모를 자랑하는 바비칸홀Barbican hall과 2개의 극장Barbican Theatre, The pit, 2개의 갤러리Barbican Art Gallery, The Curve, 3개의 영화관을 비롯하여 도서관, 레스토랑, 컨퍼런스회의장, 시연회장이 있다. 또한 YMCA, 시립여학교School of girls, 길드홀 음악·연극학교Guild hall school of music & drama 등의 시설이 공존하고 있으며 제2차 세계대전의 폭격을 피해 살아남은 성 자일스 교회St. Giles Church와 성벽은 바비칸 지구 중심에 위치한다.

넓은 공간에 다양한 시설이 공존하고 있는 바비칸은 복합용도의 대규모 단지 내 동선과 각종 커뮤니티 시설과의 연계를 고려하여 이용자가 자신의 목적에 맞게 공간을 쉽게 찾아갈 수 있도록 설계되어 있었는데 이는 "포디움"*이라는 개념으로부터 출발한다.

배가 운하를 따라 운행되는 동안에도 보행자들은 다리를 통해 운하를 가로지를 수 있는 베네치아의 구조처럼, 사람과 다양한 교통수단의 통행이 완전히 분리되어 있는 것을 모티브로 삼았다. 바비칸의 많은 빌딩을 플랫폼과 기단基壇 중심으로 설계해 넓고 열린 구조로 만들었다.

바비칸 지구는 전체 부지를 인공지반으로 들어 올려 기존의 도로와 철도를 그대로 유지하면서 일조권이 중요시되는 주거 및 사무공

---

* 옥스퍼드 영어사전(Oxford English Dictionary 2nd Edition)에 따르면 포디움(Podium, plural "Podia")이란 Raised Flat Form을 뜻하는 용어로 정의된다.

간 등의 시설은 인공지반 위에 배치하고 주차장 등 일조권이 중요하지 않는 시설은 아래에 배치하여 입체적으로 토지를 이용하였다.

이용자를 위한 쾌적성을 높이기 위해 보행자 구역을 따로 지정하고, 자동차 소음이 거의 들리지 않게 사람과 차량의 기능동선이 원활히 연결되도록 조성하였다. 이렇듯 접근성, 다양성, 편리성의 조건을 서로 충족시켜줌으로써 공간에서의 사회·문화적 커뮤니케이션 기능을 활성화시켜주고 있다.

포디움 개념을 적용하여 다양한 시설로 쉽게 접근할 수 있도록 설계된 바비칸 지구

바비칸 센터 내 갤러리 입구와 Andrew House 보행자 통로

수변공간, 산책공간 등이 조성되어 환경 친화적 복합주거단지임을 보여주고 있는 바비칸

또한 바비칸 지구에서는 환경적인 측면에서 인간에 대한 배려도 놓치지 않았다. "포디움" 개념을 적용하여 도심주거의 공통적인 문제인 소음공해와 일조권 그리고 대기오염 등의 요소들을 없앴다. 그리고 성벽 잔해를 보전하고 수변공간과 녹지공간 그리고 산책공간을 오픈스페이스로 조성하여 환경 친화적 요소를 더하였다. 수변공간을 중심으로 양쪽으로 나란히 자리한 고층·중층의 주거동과 예술센터와, 이를 따라 이어진 녹지공간과 산책로는 이용자들에게 편안함과 쾌적함을 공급하여 심리적 위안을 주는 역할을 한다. 이러한 배려를 통해 바비칸의 모든 시설이 상호보완적인 역할을 수행하며 공간에서의 기능을 활성화시킴으로써 그 가치는 더욱 돋보인다.

과거 이 지역은 외적의 침입을 막기 위해 성벽을 구축한 방위상의 요충지Strategic point였다. 이곳에는 높이 6m, 기반 부위의 두께는 2.7m의 이중 구조로 된 성벽이 120만m²에 이르는 지역을 에워싸고 있었다. 목재가 아닌 석재를 사용한 이 성벽은 단순히 외적의 침입을 막기 위한 수단을 넘어 런던이 한 지구에서 도시로 성장할 수 있게끔 해준 계획된 도시의 경계를 나타내고 있던 도시계획이라고 할 수 있겠다.

이 성벽은 수천 명의 인력이 동원된 엄청난 규모의 공사였고 로마인들이 영국에서 시행한 가장 야심찬 건축물이었다. 그러나 제2차 세계대전 때 독일군의 공습을 제일 먼저 받아 현재는 폭격의 잔해인 성벽이 일부분만이 남아 있다. 비록 망가졌지만 로마시대부터 내려오는 역사적 유물로 여기고 남은 성벽 유적만으로 도시를 계획했던 과거를 추억하며 주변에는 산책공간을 조성하여 생활 속에서 역사를 보고 느낄 수 있도록 하여 공간에 가치를 더해준다.

바비칸 지구가 복합문화공간과 역사적 가치가 있는 공간으로 주목을 받고 있는 이유는 제2차 세계대전의 폭격을 피해 살아남은 "런던 월London Wall"의 잔해와 1090년에 창건된 세인트 자일스 교회St Giles Without Cripplegate를 통해 확인할 수 있다. 1666년 런던 대화재 그리고 제2차 세계대전을 겪은 세인트 자일스 교회는 몇 번의 소실과 복원작업을 통해 크리플Cripple 지역에 지어진 여러 교회 중 현재까지 남아 있는 유일한 교회이다. 역사적 유물을 그대로 보존하는 것을 넘어 랜드마크로서의 역할을 하고 있는 모습을 통해 전통을 중요시 하고 역사와 문화를 존중하는 그들의 사고방식을 엿볼 수 있다.

이처럼 바비칸 지구는 역사적 아픈 기억을 무조건 지워버리는 것이 아닌 상상력을 통해 새로운 공간으로 재건하였다. 도시라고 하면 소음과 환경공해가 가득한 곳이라고만 생각되는데, 도시 안의 또 다른 도시 바비칸은 수변공간과 예술문화공간의 조화 그리고 다양한 커뮤니티 시설과의 쉬운 접근성을 통해 주거공간과 문화공간을 동시에 달성할 수 있는 도심주거의 새로운 가능성을 보여주고 있다.

제2차 세계대전 당시의 상황을 말해주는 런던 월의 잔해

로마시대부터 내려오던 역사적 유물은 그대로 살리고 주변에 산책공간을 조성하였다.
바비칸 지구의 랜드마크로 잘 보존되어 있는 세인트 자일스 교회

수변 테라스와 카페가 자리하고 있는 바비칸 지역 중심에 위치한 공공공간

르코르뷔지에의 영향을 받아 지어진 바비칸 지구

아라비안란타(헬싱키, 핀란드)

공장 굴뚝에 예술이 피어오르다

Arabianranta(Helsinki, Finland)

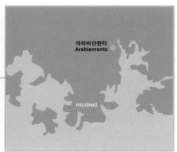

1873년 모던디자인을 내걸고 설립된 유럽 최고의 도자기 공장이 있었던 아라비안란타에서는 더 이상 도자기가 생산되지 않는다. 그러나 "과거와 현재" "자연과 도시" "산업과 주거" "예술과 기술"과 같이 대조적인 사례를 보여주는 장소로써 문화·예술뿐만 아니라 최첨단 기술을 연계한 미래지향적 그린·스마트 주거단지로 주목을 받고 있다. 20세기 산업시대의 풍경에 문화·예술 그리고 과학을 접목시켜 21세기의 새로운 주거풍경으로 다시 태어나게 한 것이다.

명칭 Arabianranta **면적** 850,000㎡ **위치** Helsinki, Filand **준공연도** 1999~2010 **이전용도** 도자기 공장지대 **용도** 주거·업무시설 **디자이너** 아트 앤 디자인 시티 헬싱키사

1940's Arabianranta

Helsinki, Finland
1873

　아라비안란타는 헬싱키 최초의 공장이자 유럽 최고의 도자기 공장인 아라비아 공장Arabia Factory이 있던 공장지대였다. 시대의 흐름에 따라 20세기 중반 이후 도자기 산업이 하향세에 접어들자 점차 활기를 잃어가다 결국 폐허로 버려졌다. 1990년 초 헬싱키 정부는 급속한 인구증가에 따른 주택문제를 해결하기 위해 이 지역을 예술·디자인·IT를 결합시켜 주거·산업·교육·연구가 복합적으로 이뤄지는 "Art & Design City"를 목표로 재개발계획을 추진하였으며 2000년부터 본격적인 개발이 진행되었다.

　아라비안란타 지구는 핀란드의 수도 헬싱키 시내 중심가에서 6 km 정도 떨어진 곳에 위치한 해안에 접해 있다. 헬싱키 시의 급팽창과 더불어 예술·디자인·IT를 결합시킨 신개념 주거·산업·교육의 복합공간으로 재탄생시킨 전략적 도시설계 지역이라 할 수 있다. 많은 사람들은 "아라비안란타"라는 이름은 유명한 아라비아 자기공장Arabia ceramics and glassware factory에서 유래된 것이라 생각하고 있지만 Arabia아라비아 Ranta해변이라는 뜻을 가진 아라비안란타는 1873년 아라비아 공장이 설립되기 이전인 18세기에 사용되었음을 기록을 통해 알 수 있다.

　이처럼 아라비안란타 지구는 과거 아라비아 도자기공장이 들어
서 있던 산업시설 밀집지역으로서 핀란드 산업화의 선도적 역할을
담당하던 곳이었다. 그러나 20세기 중반 도자기 산업의 하향세와 함
께 산업구조의 재편은 공장뿐만 아니라 지구 전체를 폐허로 만들었
다. 급속한 인구증가에 따른 주택부족문제를 겪고 있던 헬싱키 시는
이 지역을 주목하고 주택문제 및 도시의 경쟁력 향상의 거점 지역으
로 발전시키고자 하였다.

광장에서 바라본
아라비안란타

아라비안란타의 도시계획은 민관 합자로 설립된 "아트 앤 디자인
시티 헬싱키사Art and Design City Helsinki Ltd.'*가 헬싱키 시와 지역 소유주와
의 중재자 역할을 하면서 전체적인 개발과 운영을 총괄하였다. 이들
은 이 지역을 단순히 주택을 충분히 공급하는 것을 넘어 핀란드 최고
의 첨단시설을 갖춘 업무·교육 및 거주환경 조성을 목표로 하였다.

*   민관 합자회사로서 개발·서비스·디자인을 총괄하였다. 약자로 ADC.

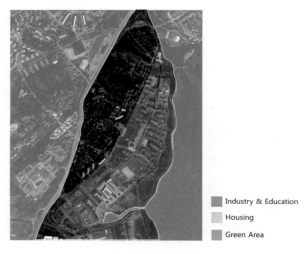

Industry & Education
Housing
Green Area

교육지구, 주거지구, 상업지구가 조화를 이루고 있는 아라비안란타

전체 85ha 중 44ha가 녹지공간인 아라비안란타는 교육, 주거 그리고 상업공간이 함께 조화를 이루고 있다. 1만여 명의 거주민이 살 주거시설과 5천 개 이상의 일자리, 6천 명이 넘는 학생을 수용할 수 있는 공간이 마련되어 있다.

아라비안란타 지구는 1986년 아라비아 도자기공장에 헬싱키 예술디자인대학현: 알토 대학교*이 이전하면서 가동이 멈춘 공장은 활기를 되찾았다. 1995년에는 팝앤재즈 아카데미Pop & Jazz Conservatory가 이전

* 2010년 헬싱키 예술디자인대학교, 헬싱키 경영경제대학(Helsinki School of Economics), 헬싱키 공과대학교(Helsinki University of Technology)는 알토 대학교(Aalto University)로 통합되었다.

Aalto University School of Art and Design에 속해 있는 Media center "LUME"

을 하였고 2000년부터 본격적인 재개발계획이 추진되었다.** 현재 아
라비안란타에는 Aalto University School of Art and Design, Arcada
University of Applied Sciences, Helsinki Metropolia University of
Applied Sciences 등 대학시설뿐만 아니라 중등 직업교육기관Secondary
Vocational Institution인 Swedish Prakticum, Finish Heltech 그리고 음악교
육기관인 팝앤재즈 아카데미가 자리하고 있다. 이와 같이 예술을 바
탕으로 구성된 교육기관들은 지역의 업체들과의 교류 및 다양한 활
동을 통해 기업의 경쟁력도 높이면서 새롭고 혁신적인 시너지를 창
출하고 있다.

**   Helsinki City Planning Department, Walking in Arabianranta, 2009, p.2.

Audio Visual School "Heltech"

　공장 굴뚝에 예술이 피어오르다

주택부족 문제해결을 위한 장소로 계획된 주거단지는 대부분이 4–7층의 아파트로 그 유형에 따라 민간분양SATO, 공공임대ATT, 학생용 주택HOAS, 일부 임대WO/ASO 등으로 나눌 수 있다.* 보통의 주거단지 내 주택들은 유형이 다르다 할지라도 외관차이가 전혀 없는 획일적인 모습을 하고 있지만, 이곳의 주택들은 특성에 따라 디자인·규모·가격이 서로 다른 특징을 갖고 있다. 또한 주거단지는 개별 생활공간인 동시에 이웃들과 커뮤니티를 이루는 생활공간이라는 점에서 아파트의 동과 동 사이에 녹지공간과 놀이터, 공원 등을 도입하여 일상생활 동선 공간을 시설 공간들과 자연스럽게 이어놓았다. 이를 통해 주민들은 녹지와 자연환경을 일상생활에서 느끼며 이웃들과의 만남을 통해 자연스럽게 공동생활을 경험할 수 있도록 하는 것이다.

이곳을 걷다보면 주거단지 사이사이에 있는 놀이터를 만날 수 있다. 우리가 생각하는 놀이기구가 빽빽한 모습이 아닌 한두 개의 놀이기구만이 덩그러니 놓여 있고 흙, 자갈 등 자연환경 위에 놀이기구가 설치되어 있는 모습이 조금 낯설게 느껴지기도 한다. 이처럼 넓은 공간에 한두 가지의 놀이기구를 두고 나무, 모래, 흙 등 자연으로 공간을 채우고 있는 이곳의 놀이터는 맘껏 뛰어 노는 환경 속에서 자연을 몸으로 느끼고 놀이를 스스로 인지하고 경험하도록 함으로써 상상력을 자극해 아이들 자신만의 놀이터를 발견할 수 있게 하기 위함이라고 한다.

* 임미숙, 유럽의 첨단 신도시, HN Focus vol.7, 한국스마트홈산업협회, 2005, p.7.

특성에 따라 디자인·규모·가격이 서로 다른 주택들로 구성된 아라비안란타 내 주거단지와
자연을 몸으로 느낄 수 있도록 자연 그대로에 설치된 놀이기구

버려진 수변도시를 개발한 아라비안란타는 첨단의 업무·교육·거주환경의 조성과 함께 디자인과 예술이 접목된 도시를 만들어냈다. 지역일대의 종합계획을 수립할 당시, 헬싱키 도시계획국은 이 지역에서 어떠한 건축행위가 새로이 발생할 경우 해당 사업주는 건축공사비의 1~2%를 예술작품 조성을 위해 예치금으로 적립하도록 하는 강력한 조치를 시행한바 있었다.*

그 결과, 아라비안란타 지구를 돌아다니다 보면 주거단지 곳곳에 설치되어 있는 예술작품들을 볼 수 있다. 이러한 예술 프로젝트Art Project는 예술을 통해 다양성과 영감을 일상적인 환경을 통해 제공해준다는 의미에서 그런 방침을 계속 진행하고 있다고 한다.** 뿐만 아니라 역사와 자연 그리고 기존 도시문화의 보존을 중시하기에 건물을 신축할 경우 기존 건물과의 조화와 자연경관의 유지·보존에 엄격한 기준을 정하고 있으며, 모든 설계는 이를 고려하여 진행된다. 이러한 그들의 노력으로 아라비안란타 곳곳에서 자연과 역사 그리고 예술작품들의 아름다운 조화를 접할 수 있다.

*   대한국토·도시계획학회, 세계의 도시디자인, 보성각, 2010, p.139.

**   World Design Capital Helsinki 2012, Art in Arabianranta(Art collaboration 2000-2011), 2011, p.3.

자연 그대로의 모습을 간직하고 있는 The Seaside park와 돌로 이루어진 담장

방문자와 주거자들을 반갑게 맞이해주는 듯한
Käpytikka building의 입구에 설치된 밝은 색의 파사드
Gländtan, 2009

곳곳에 설치된 예술작품들이 자연과 환경 그리고 예술과의 융합을 보여주고 있다.
Tuulenpesä, 2007 / Rihla, 2007 / Kotipuu, 2006

디자이너들의 사인과 아라비아 공장 스탬프가 묘사되어 있는 그래픽 콘크리트로 만들어진 벽

아라비안란타가 미래의 주거지역으로 주목받는 또 하나의 이유가 2001년부터 지역주민들이 인터넷공간의 도시정보를 무선통신으로 접할 수 있는 "헬싱키 가상마을계획Helsinki Virtual Village"이다. 이 계획은 첨단 IT기술 및 서비스를 주거·경제·교통·시설 등 지역의 다양한 구성요소에 접목한 것이다.

이 지역의 모든 사무실과 집을 인터넷과 무선통신으로 연결이 가능하게 함으로써 지역에서 발생하는 모든 업무를 실시간으로 수행할 수 있는 정보통신 서비스를 통해 사이버 공간에서 소통공간을 제공하고 있다. 에릭슨, 텔리아소네라 등 무선통신 분야의 기술혁신 기업들의 본고장인 스웨덴은 NMT, GSM, WCDMA EDGE, Bluetooth 등과 같은 세계 무선통신 표준의 탄생지이기도 하다. 세계적인 IT 강

역사와 자연환경, 예술과 첨단기술이 융합된 아라비안란타

국답게 가동이 멈춘 자기공장인 아라비아 공장을 중심으로 이 지역을 헬싱키 주택문제의 해결과 더불어 가상도시, 예술과 문화 디자인이 공존하는 도시로서 도시 경쟁력 향상에 이바지할 수 있는 장소로 변화시킨 것이다.

　버려진 공장지대라는 이미지를 전혀 새로운 가치로 바꾸어 미래형 복합문화 주거지로 재탄생한 아라비안란타는 주거와 예술 그리고 교육뿐만 아니라, 기업의 경쟁력을 향상시키기 위한 혁신적인 비즈니스를 형성하고 다양한 문화 서비스를 제공하였다. 이것은 역사와 자연환경, 예술과 첨단기술이 융합된 기억과 장소의 재생을 통한 도시 생활의 활력 복원이라는 귀중한 가치를 일깨워 주고 있으며 주택문제 및 도시의 경쟁력 향상의 거점 지역으로 발전하고 있다.

외레스타드 시티(코펜하겐, 덴마크)

Ørestad City(Copenhagen, Denmark)

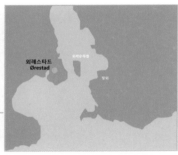

City(都市:도시)라 하면 아스팔트 도로에 높은 건물들이 빽빽하게 놓여 있고 차들이 쌩쌩 다니는 모습을 상상하기 마련이다. 하지만 외레스타드 시티는 넓고 푸른 들판 위에 독특하게 생긴 건물들이 놓여 있는, 빨리 달리는 자동차 대신 자전거를 타며 여유를 즐기는 사람들로 가득하다. 문화와 자연이 중심이 되는 환경국가 덴마크. 이곳에서는 공동체를 중심으로 형성된 쾌적한 도시환경과 자연친화적인 공간을 제공하는 미래형 신주거단지가 각광을 받고 있다.

명칭 Ørestad **면적** 3.1㎢ **총인구** 7,445명 **인구밀도** 2,401.6명/㎢ **위치** Copenhagen, Denmark
준공연도 1992 **용도** 복합문화시설

코펜하겐의 미래형 녹색 신도시로 주목을 받고 있는 외레스타드 시티

외레스타드는 덴마크 코펜하겐에 있는 개발도시로 외레순Øresund 해협에 있는 아마게르Amager 섬에 위치하고 있다. 1992년 덴마크 정부와 코펜하겐 시는 정보와 지식사회에 대비한 상업·업무·연구·주거 복합형 신도시 개발을 수립하기로 결정하고 외레순과 코펜하겐 중심부를 연계하는 광역 축에 새로운 성장 잠재력을 창출할 수 있는 계획을 실시하였다.*

<hr/>

* 　김정곤 외, 저탄소 녹색도시 모델개발 및 시범도시 구상, 한국토지주택공사 토지주택연구원, 2010, p.114.

　　외레스타드 지역은 크게 4개의 복합도시개발구역으로 구분되는
데 이들 각 구역은 특화되어 개발이 진행되고 있다. 그중 외레스타드
시티는 신재생에너지의 활용, 이산화탄소 감축을 위한 전략보다는
생태도시 기반의 지속가능한 도시설계에 중점을 두고 있으며, 2020
년 완공을 목표로 개성 넘치는 건축물과 자연이 어우러진 미래형 신
도시를 설립하고자 한다.

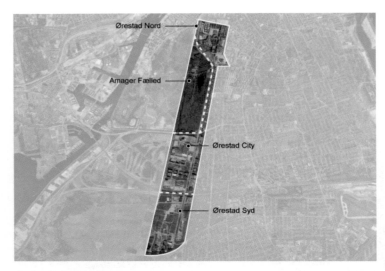

외레스타드 마스터플랜 대상 구역

  외레순 지역의 새로운 중심지로 계획된 외레스타드는 310ha약 94만 평의 간척지에 길이 5㎞, 넓이 600m의 남북 방향으로 긴 형태를 하고 있다. 외레스타드 노드Ørestad Nord, 아마게르팰레드Amager Fælled, 외레스타드 시티Ørestad City, 외레스타드 시드Ørestad Syd 등 4개의 특화된 복합 도시개발구역으로 나뉘어져 개발되고 있다.

  그리고 이들 각 지역은 비즈니스 구역 60%, 주거 구역 20%, 문화·상업·교육 구역 20%로 구분되며, 개발이 완료되는 2020년경에는 주거인구 약 2만 명, 종사자 8만 명, 학생 2만 명을 수용하는 미래형 녹색도시로의 재탄생을 목표로 하고 있다.

외레스타드 시티에 위치한 외레순을 가로지르는 철로

외레순을 가로지르는 고속도로와 철로에 인접한 외레스타드 시티
는 외레스타드 주거지의 중심이자 상권의 중심역할을 하기에 적합하
다고 판단되었고 이에 주거시설뿐만 아니라 쇼핑몰, 기숙사, 교육시
설, 오피스 등 다양한 시설이 설계되었다. 생태도시 기반의 지속가능
한 도시 설계에 중점을 두고 쾌적한 도시환경과 자연친화적인 공간
을 제공하기 위해 수변공간을 조성하였다. 도시 내부에서 찬 공기를
생성하여 바람의 통로를 만들어 화석연료 의존도를 최대한 낮추는
등의 다양한 아이디어를 통해 새로운 방식의 지속가능한 발전 가능
성을 보여주었다. 코펜하겐의 미래형 녹색 신도시로 주목을 받고 있
는 외레스타드 시티에서 가장 눈에 띄는 것은 평범하지 않은 형태의
개성 넘치는 건축물들이다.

　　미래형 녹색 신도시라는 주제에 맞게 BIG, JDS, 3xN 등 덴마크
의 유명 건축사무소들이 직접 진행하고 있다. 건축물의 외형뿐만 아
니라 합리적이며 기능적인 아이디어를 더해 외레스타드 시티를 더욱
빛내주고 있다. 그래서 물과 자연이 어우러진 녹색도시, 지속가능한
미래형 생태도시를 목표로 계획된 외레스타드 시티의 아이디어 넘치
는 건축물을 살펴보고자 한다.

외레스타드 시티 주요 건축물 배치

VM하우스

VM House

VM하우스는 외레스타드 시티에 들어선 최초의 주거단지 프로젝트로 국제공모 후 10년여 간의 개선작업을 거쳐 마스터플랜이 완성되었다. 코펜하겐 도시구조의 90%에 공통적으로 적용된 사각형 블록Perimeter Block을 기본요소로 사용하되 도시의 법이 허용하는 한도 내에서 한계를 뛰어넘음으로써 기본블록의 장점과 특징들을 최대한 많이 도출하도록 결정지었고, 2005년 마침내 VM하우스가 탄생하였다.

특이한 형태의 공동주택인 VM하우스는 전체 연면적 2만 5천㎡ V하우스 12,500㎡ / M하우스 12,500㎡로 지그재그, 계단, 경사, 다중순환 등의 다양한 기법을 사용하였다. 총 225가구를 수용할 수 있으며 일괄적인 모양의 구조가 아닌, 80개가 넘는 독창적인 구조로 구성되어 있는 이 건물은 외형적 형태에서 보이는 독특함으로 사람들의 호기심을 불러일으킨다.

'사람은 저마다 다른데 왜 아파트나 공동주택의 모든 공간은 똑같을까?'라는 호기심과 함께 시작된 VM하우스는 공동주택이란 크기와 모양이 모두 똑같은 공간의 집합체라는 고정관념에서 벗어나 다양한 형태의 공간을 탄생시켰다. 이러한 공간은 면적별로 가격이 달라 소득수준이 다른 사람들이 함께 모여 살 수 있는 것이다.

명칭 VM House   면적 25,000㎡   위치 Copenhagen, Denmark   준공연도 2005   용도 주거시설
디자이너 줄리앙 드 스메(JDS)

하늘에서 내려다본 VM하우스

이 건물의 이름은 왜 VM하우스일까?

그 해답은 하늘에서 내려다보면 바로 찾을 수 있다. 구글어스를 통해 본 VM하우스는 알파벳 V자 모양의 남쪽 동과 M자 모양의 북쪽 동 2개의 건물로 이루어져 있는데, 서로 맞물려 있는 두 동은 "V"가 "M"을 떠받치듯 재밌는 모습을 하고 있다. 처음 이 건물을 보면 이러한 재밌는 형태는 단순히 미적 관심을 위한 것이라고만 생각 할 수 있겠지만, VM하우스는 지극히 합리적이고 기능적인 이유에 기초하고 있다.

다이어그램을 통한 VM하우스 탄생 과정

　V와 M이 서로 맞물려 있는 형상은 박스 형태로 한곳만을 응시하는 기존의 아파트들이 가지고 있는 "조망권"*에 대한 문제점을 개선하기 위한 아이디어의 결과이다. 조망권은 좀 더 좋은 주거환경을 원하는 입주자들에게 관심의 대상이며 가격에도 큰 영향을 미친다. 또한 아파트나 공동주택 등 건물과 건물이 맞보고 있을 경우, 다른 건물로 인하여 내다볼 권리조망권를 잃게 되거나 사생활을 침해당하는 경우도 빈번히 발생한다. 이러한 문제점을 해결하기 위한 방안으로 "VM하우스"는 건물을 두 개로 분리시키고 두 개의 건물을 비틀고 돌려서 건물 사이에 서로 마주보는 공간이 생기지 않도록 다각적 변화를 추구하여 "V" "M"이라는 재미있는 형태를 탄생시킨 것이다. 이러한 노력의 결과로 VM하우스 주민들은 서로의 집안이 보이지 않으면서도 주변 경관을 최대한 조망할 수 있게 되었다.

*　prospect right, 眺望權. 건물과 같은 특정한 위치에서 자연·역사유적 등 밖의 경관을 볼 수 있는 권리. [출처] 두산백과.

또 하나의 특징은 고슴도치 가시처럼 날카롭게 튀어나와 있는 발코니가 있는 독특한 외관이다. 공원에 맞닿아 있는 남쪽 파사드에 설치된 발코니는 사각형이 아닌 뾰족한 삼각형으로 그 모습들이 마치 조각 케이크를 모아 놓은 듯 재미있다. 뻗어 나와 공중에 떠 있는 느낌을 주는 이 발코니는 캔틸레버* 개념을 적용하였는데, 뱃머리에 서 있는 것 같다 하여 "레오나르도 디카프리오 발코니"라는 별명으로도 불린다.** 이러한 과감한 삼각형 발코니는 단순히 근대적 디자인의 한 특징으로 효과를 최대화하면서 음영은 최소화하여 개별 주거공간에 대한 채광을 제공할 뿐만 아니라 10m 반경에 사는 이웃들과 얼굴을 보며 서로 인사를 나눌 수 있는 소통을 가능케 하는 매개체의 역할까지 하고 있는 것이다.

VM하우스의 각 세대는 일반적인 단층flat이 아닌 2층, 3층의 복층 구조로 구성되어 있다. 경치를 보기 어려운 평범한 작은 창문에서 벗어나 천장에서 바닥까지의 통유리를 통해 탁 트인 전망을 확보하였다. 뿐만 아니라 V하우스는 발코니형 아파트 그리고 M하우스는 복도의 양쪽 끝에서 채광과 전망을 확보할 수 있는 구조로써 개성 넘치는 독창적인 공동주택의 모습임을 다시 한 번 확인시켜 주고 있다.

---

*   캔틸레버(Cantilever): 외팔보라고도 한다. 한쪽 끝이 고정되고 다른 끝은 받쳐지지 않은 상태로 되어 있는 보로, 외관은 경쾌하나 같은 길이의 보통 보에 비해 4배의 휨 모멘트를 받아 변형되기 쉬우므로 강도설계에 주의를 요한다. 주로 건물의 처마끝, 현관의 차양, 발코니 등에 많이 사용된다. 근대건축에서는 종종 대규모로 사용되고 있으며, 근대적 디자인의 한 특징을 형성하고 있다. [출처] 두산백과

** BIG(Bjarke Ingels Group), Yes is More, TASCHEN, 2009, P.71.

개별 주거공간에 대한 채광을 제공할 뿐 아니라 소통의 매개체가 되는 돌출된 삼각형 발코니

다양한 복층구조와 확 트인 통유리의 복합적인 구성이 돋보이는 VM하우스

V하우스는 발코니형 구조로, M하우스는 복도의 양 끝에서 채광과 전망을 확보할 수 있는 구조
로 설계

V하우스와 M하우스 사이에 설치된 자전거 거치대

독특한 외관을 뽐내는 발코니

도시 속의 아파트 혹은 공동주택이라 하면 성냥갑 형태의 건물로 개인의 생활만 중시되는 공공 주거공간이라고 생각되기 마련이다. 하지만 VM하우스는 톡톡 튀는 아이디어로 개인의 사생활을 보호하면서도 열린 공간을 제공하여 소통을 통해 정을 나누고자 하는 건축가의 깊은 뜻을 엿볼 수 있다.

마운틴 드웰링

완벽한 평지인 코펜하겐에 산山이 생겼다.

33,000㎡의 면적에 총 80세대가 주거, 480대 주차구획을 지니고 있는 이곳은 사각 박스 형태의 전형적인 모습이 아닌 인위적으로 경사를 주어 인공 콘크리트 산 형태를 지닌 녹색 집합주택, 마운틴 드웰링이다.

덴마크 건축사무소 BIGBjarke Ingels Group가 디자인한 이 건물은 외부에 노출되지 않는 주차장과 외부로 드러나는 테라스가 딸린 주거단지로 각 세대마다 전망이 다른 특징을 가지고 있다.

명칭: Mountain Dwelling ㅣ 면적: 33,000㎡ ㅣ 위치: Copenhagen, Denmark
준공연도: 2008 ㅣ 용도: 주거시설 ㅣ 디자이너: BIG

Mountain Dwelling

산을 형상화한 공동주택 마운틴 드웰링

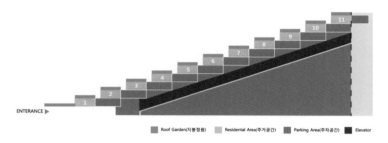

ENTERANCE ▶

■ Roof Garden(지붕정원)　■ Residental Area(주거공간)　■ Parking Area(주차공간)　■ Elevator

마운틴 드웰링 내부 구조

　BIG는 아파트나 주차장 같은 전통적인 구성요소에 누구나 생각할 수 있는 가치를 추구한다는 것은 누구나 창조할 수 있는 아이디어라고 말한다. 별 볼일 없이 주차된 차들만 보이는 전형적인 주거단지를 짓기보다는 주차장을 주춧돌로 삼아 건물 전체가 펜트하우스처럼 보이게 하고자 주차장을 아파트 아래의 깊은 공간에 배치하고 주거공간은 햇빛, 상쾌한 공기 그리고 확 트인 전경을 느낄 수 있도록 상부에 설계하였다.

　건물의 1/3이 주거공간이고 2/3가 주차공간을 이루고 있는 이 건물은 공간들을 따로 분리해 생각하지 않고, 두 개의 기능을 상징적으로 융합한다는 새로운 해석을 내놓았다. 주차장은 산 아래 감춰져 있어서 보이지 않고 차를 타고 산속으로 들어가는 것 같은 기분을 느끼게 해주는 새로운 경험을 제공하는 것이다.

　외관뿐만 아니라 건물의 내부에도 재미있는 아이디어가 숨어 있는데 그중 하나는 각 층을 다른 색으로 칠한 주차장이다. 일반적인

주차장의 각 층별 색과 같은 색으로 되어 있는 우편함

주차장 입구와 층별 각기 다른 색으로 구성된 주차장 내부

주차장과 주거시설을 연결해주는 경사형 에스컬레이터

놀이공원에 와 있는 것 같은 느낌을 주는 독특한 형태의 주차장

자연 통풍 및 채광이 가능한 펀칭 파사드

무스(moose, 북미산 사슴)가 망가진 자동차 더미 꼭대기에 서 있는 빅터 애쉬(Victor Ash)의 벽화가 그려진 주차장 입구

주차장은 회색 혹은 흰색 시멘트벽에 알파벳과 숫자가 조합된 문자를 보고 주차위치를 외워야만 한다. 하지만 이곳의 주차장은 각 층마다 다른 색을 사용하여 입주자가 색으로 층을 인지하고 주차 위치를 기억할 수 있도록 하는 새로운 방식을 제시하였다. 또한 콘크리트 산의 안쪽 도로를 타고 올라가면 자신의 현관 앞에 주차를 할 수 있고, 그 공간이 없으면 주차를 한 뒤 경사형 에스컬레이터를 타고 지하에서 주거시설로 올라갈 수 있도록 되어 있다.

건물의 외부가 아닌 내부에 있는 주차장은 어두컴컴하고 공기가 탁하기 마련이다. 하지만 이곳의 주차장에는 밝은 햇살과 자연의 공기가 들어온다. 이는 자연 통풍과 채광이 되면서도 눈과 비는 들어오지 못하도록 하기 위해 건물의 한쪽 파사드의 전면에 환기구를 뚫었기 때문이다. 이러한 아이디어를 통해 환기뿐만 아니라 낮에는 별도의 인공 광원을 사용하지 않고도 적정의 조도*를 확보할 수 있다.

이들은 펀칭 파사드를 주차장의 자연환기를 위한 환기구로서 그저 기능적인 측면에서 사용하기보다는 펀칭 반경을 조절하면 자연환기뿐만 아니라 거대한 점층 이미지로 꾸며진 주차장 이미지로 만들 수 있다고 생각하였다. 이들은 6개의 각기 다른 사이즈5-50mm인 홀을 이용하여 프로젝트 이름인 "산"에 알맞도록 에베레스트 산의 이미지를 표현하였고, 이 건물은 거대한 예술품으로 탄생하였다.

산의 이미지가 있는 건물의 반대쪽 방향에는 개인용 중정**이 층

---

*   조도(illumination, 照度): 장소의 밝기

**   중정(Courtyard, 中庭): 집안의 안채와 바깥채 사이에 있는 뜰

각 세대의 지붕이 위층 세대의 정원으로 사용되는 계단형식의 중정

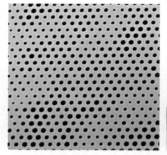

6개 단계로 크기를 달리 한 펀칭 홀을 이용하여 산의 이미지를 표현한 마운틴 드웰링

층이 계단을 이루고 있는 모습이다. 이는 각 세대별로 푸른 정원이 있는 개별 테라스를 가지고 있는 이 건물의 또 다른 특징으로 BIG 만의 독특한 아이디어를 엿볼 수 있는 곳이다. 아래층과 위층이 동일한 위치에 맞물리는 것이 아닌 서로 어긋나게 설계를 하여 아래층 지붕을 위층의 정원으로 사용하는 방식이다. 각 세대별로 개별적 조망이 가능할 수 있는 이 테라스는 요른 웃손*의 L자형 중정L-Shaped Courtyard 형태를 모티브로 삼은 것으로 교외 지역의 생활방식이 갖는 매력을 모두 담아낸** 특징을 가지고 있다. 설계자들의 창의적인 아이디어로 이곳 주민들은 그들만의 녹색마당이 있는 주택에 살면서 도시생활과 교외생활을 동시에 즐길 수 있다.

* 요른 웃손(Jørn Utzon, 1918－ 2008). 덴마크의 건축가이다. 프랭크 로이드 라이트, 아스브론드 등의 영향을 받은 그는 시드니의 상징물인 오페라하우스를 건축한 건축가로 더 잘 알려져 있으며 영국 왕립건축가협회로부터 금메달을 수상했다. [출처] 두산백과
** BIG(Bjarke Ingels Group), Yes is more, TASCHEN, 2009, p.80.

마운틴 드웰링에서 내려다 본 외레스타드 시티

　건물 위에서 혹은 산에서 도시를 내려다본다는 것이 우리에게는 익숙한 일이겠지만, 높은 건물이다. 산이 없는 코펜하겐 사람들에게는 흔치 않은 일이다. 그러나 BIG는 마운틴 드웰링이라는 공동주택을 통해 사람들에게 "산"이 없는 코펜하겐에서 "산"이라는 새로운 경험을 제공하였다. 비아케 잉겔스Bjarke Ingels는 "놀라운 조합 안에서 일반 요소를 섞음으로써 부가가치를 창출할 수 있었기에 마운트 드웰링은 건축의 연금술이다"라고 말했다.

　이처럼 누구나 알고 있는 평범한 아파트와 주차장이라는 공간에 아이디어를 더하여 사회·환경적 문제점을 해결할 수 있는 새로운 가치를 창조하였다.

외레스타드 짐나지움

Ørestad Gymnasium

　수변공간을 따라 걷다보면 심플한 박스형 외관에 물고기 비늘과 같은 컬러풀한 창문이 있는 독특한 건물을 만날 수 있다. 2007년 덴마크 건축가그룹 3XN Architects에 의해 지어진 외레스타드 짐나지움이다. 외레스타드 짐나지움은 코펜하겐 대학교University of Copenhagen에 속해 있는 최첨단 시설을 갖춘 공립학교다. 1만 2천㎡의 면적에 총 4층으로 이루어진 덴마크의 새로운 교육정책의 비전을 가지고 만들어진 교육시설로 Forum Aid Award 2009와 Mies van der Rohe Award에서 수상하기도 하였다.

명칭: Ørestad Gymnasium ㅣ 면적: 12,000㎡ ㅣ 위치: Copenhagen, Denmark
준공연도: 2007 ㅣ 용도: 교육시설 ㅣ 디자이너: 3XN Architects

각 층을 연결하는 독특한 구성의 나선형 계단

　　짐나지움*이란 나라에 따라 조금씩 다르게 사용되기도 하지만, 덴마크에서는 대학 진학을 목적으로 하는 3년제 일반 중등학교로서 한국의 고등학교에 해당한다고 볼 수 있다. 일반적으로 학교라 하면 네모반듯한 건물에 짜임새 있게 나눠진 교실로 이루어진 공간을 연상하기 마련이다. 하지만 외부의 직사각형의 직선이 주는 딱딱함과는 달리 각 층을 연결하는 역할을 하는 나선형 계단과 높은 천장으로 이루어진 외레스타드 짐나지움이하 짐나지움의 내부는 마치 잘 꾸며진 박물관에 와 있는 듯했다.

---

*　　짐나지움(Gymnasium): 고대 그리스 시대에 사용된 '김나시온(Gymnasion)'에서 유래되었으며 체육장이자 교육을 통해 청소년들에게 지성을 길러주는 장소를 의미하였다. 독일에서는 교육 기관을 가리키는 단어가 되었고 영어권 지역에서는 체육관을 의미하게 되었다. 일부 유럽 국가의 중등교육 기관으로 나라에 따라서 차이가 있으나 대체로 한국의 고등학교에 해당하며 일부 국가에서는 한국의 중학교와 고등학교를 합친 과정에 해당하는 경우도 있다.

짐나지움은 고정 관념적 이미지의 학교에서 벗어나기 위해 여러 가지 시도를 추구하였는데 그중 하나는 벽이 없는 교실이라는 자유로운 공간구성이다. 이곳에는 학생과 선생님의 소통을 방해하는 전통적인 개념의 교실이 존재하지 않는다. 대신 건물의 각층은 open rooms, working zones, nooks for creativity and thinking, areas for social activities의 4개 영역Zone으로 구분되어 있다.**

이처럼 4개의 영역으로 구분된 층은 부메랑 형태를 이루고 있다. 이들 평면은 건물의 중심축을 이루고 있는 넓은 나선형 계단과 수직 수평으로 서로 연결되어 있다. 마치 카메라 셔터처럼 서로 맞물려 회전하면서 건물의 전체 프레임윤곽, overall frame을 형성하고 있으며 중앙 홀의 공간을 다용도로 활용할 수 있도록 디자인되었다. 이러한 구조는 조직적 유연성을 제공해주고 다양한 공간, 학습환경, 그리고 서로 다른 규모의 그룹을 창출할 수 있다는 특징이 있어 그 매력을 더해주고 있다.***

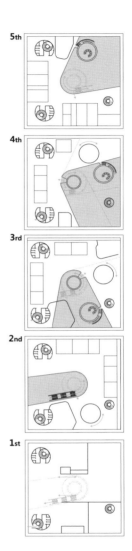

외레스타드 짐나지움 층별 구성도

**   Urban development, The Port & City Development Corporation, 2007, p.46.
***   월간건축문화 v.324, 에이엔씨, 2008, p.61.

이 건물의 또 다른 특징은 물고기 비늘과 같은 화려한 색상의 외관이다. 투명유리에 컬러풀한 반투명 루버가 씌워져 있는 형태의 이 파사드는 태양의 방향에 따라 자동으로 움직이는 반투명 루버가 실내에 유입되는 햇빛의 양을 조절해주는 것이다. 블라인드나 커튼을 이용해 실내에 유입되는 햇빛을 조절하는 것이 아닌 자동으로 작동하는 루버로, 창문 전체를 닫거나 열 수 있다. 이런 재미난 시스템으로 이루어진 파사드는 단순히 미관을 아름답게 하기 위함이 아닌 환기와 채광을 위한 아이디어에 자연을 인간과 분리하여 생각하지 않고 삶의 일부분으로서 자연스럽게 적용하고 있는 그들의 배려를 엿볼 수 있다.

북유럽에서는 교육이 민주주의의 기둥이자 복지의 상징이며, 사회적 경제발전의 중심개념으로 여겨진다고 한다. 즉, 학교건축 디자인은 높은 질의 교육적 경험과도 직결된다고 볼 수 있는 것이다. 이러한 측면에서 본다면 기존의 틀에 박힌 학교에서 벗어나자는 취지하에 진행된 짐나지움은 많은 가치를 내포하고 있는 교육시설이라 할 수 있다. 창의적이면서도 파격적인 공간구성과 독특한 아이디어를 바탕으로 유연성자유로움과 개방성을 키워드로 설립 당시부터 열린 학습공간을 구축하고자 하였다. 또한 정보통신 및 최첨단 멀티미디어 교육을 위한 다양한 교육방법과 교육환경 조성을 지속적으로 모색*해 나가고 있다.

---

*   By & Havn, Copenhagen Growing: The Story of Ørestad, CPH City & Port Development, 2011, p.25.

태양의 방향에 따라 자동으로 움직이는 파사드

외레스타드 시티

Ørestad City

　　최근 들어 쾌적한 주거환경이 중요시되는 트렌드에 따라 공동주택에서의 녹지공간 확보는 단연 화두로 떠오르고 있다. 이와 더불어 주차수요와 친환경적인 공간에 대한 요구가 급증하고 있다. 우리가 생각하는 신도시는 칼로 자른 듯 반듯하고 딱딱한 모습의 건물들이 가득한 모습일 것이다. 하지만 외레스타드 시티는 21세기의 문화를 상징하는 개성과 기능을 갖춘 건축물과 녹지 오픈스페이스 등 자연이 어우러진 도시를 추구하는 미래형 녹색 신도시 개발지구이다. 자연스럽게 성장한 역사적 도시의 형태가 아닌 현대적 도시의 아이덴티티를 형성하여 인공적인 방법으로 주거, 문화, 교육이 어우러진 새로운 도시의 모습을 보여주고 있다. 다양한 아이디어로 새로운 방식을 지속적으로 발전시킬 수 있는 가능성을 보여줌으로써 코펜하겐의 미래형 녹색 신도시로 주목받고 있다.

자연 그대로의 모습을 지닌 미래형 녹색 신도시로 주목을 받고 있는 외레스타드 시티

RE:VITALIZATION을 마무리하며

　　인구문제 등과 같은 도시문제 중 하나인 불균형을 해결하고자 만들어진 도시는 대부분 주거단지를 건설하려다 보니 극히 획일적이고 단조로우며 삭막한 것이 사실이다. 하지만 도시란 단순히 건축이라는 단위의 집합체만으로 성립될 수는 없다. 도시를 구성하는 다양한 인자들 상호간의 네트워크와 조화로운 관계 속에서 형성되어야 한다는 개념에서 살펴본다면, 결국 도시는 주거단지 집합체가 아닌 교육·문화·사회적 장소인 것이다. 따라서 공공이 사용할 수 있는 커뮤니티를 활성화할 수 있는 활동을 제공할 수 있어야 한다.

　　이러한 측면에서 앞에서 살펴본 세 가지 사례 역시 도시에서 발생하는 문제를 해결하고 주거와 문화가 공존하는 새로운 도시를 만들자는 목표로 시작되었다. 하지만 이들이 다른 도시와 차이를 보이는 이유는 역사와 자연 그리고 기존 문화의 보존을 중시하고, 이에 변화된 도시의 기능을 효율적으로 수용하는 아이디어를 통해 도시의 경제적 효과를 극대화하고 있다는 것이다. 전쟁의 폭격으로 파괴되어 폐허로 방치된 지역을 문화·예술·교육·주거공간으로 재탄생시킨 "바비칸", 자연이 어우러진 미래형 신주거단지 "외레스타드 시티", 버려진 도자기 공장지대를 디자인과 예술이 결합된 미래지향적 스마트 주거단지로 변화시킨 평화로운 해안도시 "아라비안란타"는 그들이 추구하고자 하는 획일적인 주거단지 개념에서 벗어나 양적인 발전보다는 질과 다양성을 중시하는 경쟁력 있는 도시 커뮤니티를 형성하고 있는 사례로써 목표를 실현하고 있음을 확인할 수 있었다.

이처럼 21세기의 새로운 주거풍경은 도시의 문제를 해결하기 위해 기존에 존재하고 있던 것들을 허물고 완전히 새로운 단지와 도시를 만들어내는 것이 아니다. 기존도시의 장점과 역사·문화를 보존하고 단점을 보완하여 좀 더 살기 좋은 터전으로 바꾸어 나감으로써 단순히 양적인 성장만을 추구하는 것이 아니라 질적인 성장을 추구해 나가는 것이다. 이러한 도시 커뮤니티는 역사와 자연환경, 예술과 첨단기술이 융합된 기억과 장소의 재생을 통한 도시 생활의 활력을 되살린다는 귀중한 가치가 내재되어 있다. 즉, 도시에 새로운 활력을 주고 있는 방식으로 도시의 커뮤니티를 변화해 나가는 것이다.

RE:NEWABLE

지속가능 생태도시

Bo01(말뫼, 스웨덴)

하마비 허스타드(스톡홀름, 스웨덴)

RE:newable

우리가 살고 있는 도시는 끊임없는 개발을 통해 빠르게 성장하고 발전해 왔다. 하지만 이런 인간의 활동은 대부분 자연을 크게 훼손하게 되었고, 이는 인구증가와 함께 도시의 생태계 파괴 및 자원고갈이라는 문제를 초래하게 되었다. 우리는 그동안 도시개발이라는 핑계로 자연으로부터 많은 양의 자원과 에너지를 끌어다 쓰고 그에 대한 보답으로 폐기물을 되돌려 주는 과정을 되풀이 하면서 자연생태계의 순환을 단절시키는 등 각종 문제를 만들어 왔다. 지구에서 인간이 지배하는 영역이 넓어진 만큼 환경은 위기에 처하게 되었는데, 이러한 문제는 도시 생활과 관련하여 발생되는 것이다. 이에 세계 각국에서는 이러한 문제를 해결하고 인간과 환경과의 조화를 지향하는 도시를 만들고자 지속가능한 생태도시의 개념을 도입한 주거단지를 시도한 다양한 사례와 전략을 제시하고 있다.

지속가능한 생태도시의 기본원리는 미래세대를 배려할 수 있도록 지속가능성을 수반한 개념이다. 도시를 하나의 유기적 생태계로 인식하고, 자연 생태계가 가지고 있는 자립성·안전성·순환성을 보전 및 개발하는 것을 의미하는 것으로 현세대뿐만 아니라 미래세대를 생각하여 이러한 문제를 해결할 수 있는 체계를 만들어야 한다는 것이다. 결국, 이들은 사회, 경제, 환경적인 측면에서 자연과 인간이 공생하는 생태공간의 창조, 도시 내 물질순환의 체계화, 녹지공간을 통한 쾌적한 도시공간 조성, 환경과 어울리는 생활 및 생산활동 등을 목표로 하고 있는 것을 의미한다.

[RE:newable]편에서는 도시기능을 잃어버린 지역에 대하여 환경과의 조화 속에서 생태계를 보전하고, 재생 가능한 자원은 재생산이 가능한 범위 내에서 사용하며, 재생 불가능한 자원은 최소한 사용해 나가는 등* 다양한 활동을 통해 기존의 주거단지의 개념에서 벗어나 장점을 승화시키고 단점을 보완하여 살기 좋은 터전으로 바꾸어가고 있는 사례를 살펴보고자 한다.

---

*   하성규·김재익 외, 지속가능한 도시 개발론, 보성각, 1999, p.90.

Bo01 프로젝트(말뫼, 스웨덴)

Bo01 City of Tomorrow (Malmö, Sweden)

"지속가능함(Substantiality)을 실현할 수 있는 내일의 도시 (City of Tomorrow)를 만들자"라는 목표와 함께 쓰레기 매립 지였던 항구시설은 지역에서 생산된 100% 신재생에너지만을 사용하는 탄소 제로 도시로 탈바꿈하였다. Bo01 프로젝트는 말뫼 시가 지속가능한 도시로의 이미지를 구축하는 데 결정 적으로 기여한 사례로 매년 1,000명 이상의 사람들이 지속 가능성을 대입한 도시를 보기 위해 이곳을 방문하고 있다.

명칭 Bo01 City of Tomorrow **위치** Malmö, Sweden **준공연도** 2001-계속 **유동인구** 1,908명 **이전 용도** 공업지대, 쓰레기 매립지 **용도** 주거시설 **디자이너** Eva Dalman, Agnta Persson 외

The history of the Western Harbour
Malmö, Sweden / 1870's

유럽연합이 지정한 첫 번째 생태도시 "Bo01"는 과거 전 유럽을 대표하는 상징적 조선기업인 코쿰스Kockums와 자동차 업체인 사브SAAB의 생산공장이 있던 공업지대였다. 그러나 1986년 코쿰스 조선소가 문을 닫자 지역의 공장들도 하나둘씩 문을 닫으면서 사람들은 떠났고 도시는 점점 오염되어 쓰레기 매립지로 황폐해져 갔다.

1996년 스웨덴 주택·건축물·도시계획위원회 산하 단체인 SVER-BO가 유럽 주택 엑스포의 초대 개최지로 이 지역을 선정하면서 재개발 사업이 시작되었다. 2001년 친환경 주거개념을 도입한 유럽주택 박람회를 개최하면서 "내일의 도시"라는 이름으로 Bo01 프로젝트가 진행되었다.

스웨덴어로 "거주하다"를 의미하는 "Bo"와 프로젝트가 본격적으

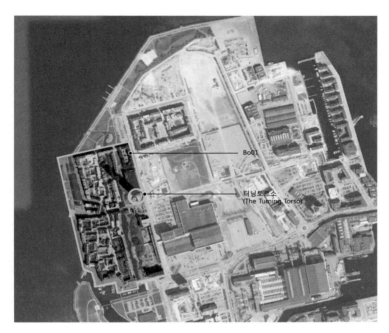

말뫼 도심지로부터 서측 항구에 인접한 대지에 위치한 Bo01와 터닝 토르소

로 시작된 2001년의 "01"을 뜻하는 "Bo01"는 스웨덴 말뫼 시 도심지에
서 조금 떨어진 서측 항구지역Västra Hamnen에 위치한다. 친환경 주거 모
델 지역으로 말뫼지역의 새로운 커뮤니티 형성을 위한 첫 번째 전시
프로젝트로서 지속가능한 생태도시 실현을 위해 계획되었다.

터닝 토르소에서 내려다본 Bo01 지구

　"내일의 도시"라는 이름으로 진행된 Bo01 프로젝트는 바다에 둘러싸여 있는 지리적 특성을 살려 버려진 공업단지에 새로운 도시를 설립하고, 지속가능한 미래 도시의 모범을 보여주는 것을 목표로 친환경 재생에너지를 활용하는 미래도시로 거듭나게 되었다. 이러한 지속가능한 도시를 실현하기 위하여 20여 개의 개발사와 30여 종의 건축유형들로 이루어져 생태적 지속성 관점에서 에너지 시스템, 폐기물 처리 시스템, 녹지대 조성 및 토양정화, 친환경 교통시스템, 친환경적 건축 프로세스에 입각하여 계획이 진행된 Bo01는 "유럽 신재생에너지도입의 실현"을 위한 우수사례지로 선정되기도 하였다.

Bo01의 가장 혁신적인 측면 중 하나는 이 단지에서 소비되는 모든 에너지는 100% 이 지역에서 생산된 신재생에너지만을 사용한다는 사실이다.* 전력을 예로 들면 바람, 태양, 물, 바이오가스 등을 이용하여 생산한다. 건물 옥상에 설치된 태양열 판은 열 공급을 위한 에너지를 생성하고, 해안에서 발생하는 해상풍력과 조력발전시설은 전기를 공급하며, 지역난방은 히트펌프를 가동하여 이용하는 등 100% 공급하기 위한 다양한 기반시설 시스템이 제안되어 있다. 이처럼 풍력, 태양에너지뿐만 아니라 하수 및 쓰레기 폐기물로부터 나오는 모든 것을 재생에너지로 활용하여 화석연료에 대한 수요가 공급을 넘은 이 시점에서 오염만이 가득했던 도시를 탄소 제로 도시로 다시 태어나게 한 것이다.

이 지역을 계획함에 있어서 가장 중요한 요소는 모든 사람들을 위한, 사람 중심의 도시이다. 이들은 이러한 미래의 지속가능한 환경주거단지를 구축하고자 가이드라인Quality Programme을 수립하여 개발 시 따르도록 하고 있다. 이 가이드라인을 들여다 보면 재활용이 가능한 도로나 공공시설물의 재료 및 색채 사용 등과 같은 상세한 기본 지침들을 제공하고 있다. 또한 자동차가 아닌 자전거를 도시 교통의 기본적 요소로 설정하고 있고, 사람들뿐만 아니라 동물 보호를 위한 설계 가이드라인까지 마련해놓았다.

* Adam Richie & Randall Thomas, 지속가능한 도시디자인 환경적 측면으로의 접근, 기문당, 2011, pp.200-201.

중고층 집합주택, 테라스 하우스, 단독주택 등 다양한 주거형태를 자랑하고 있는 Bo01

　　또한 중고층 집합주택, 테라스 하우스, 단독주택 등 다양한 주거
형태를 자랑하고 있는 Bo01는 기본적으로 중정형의 배치를 통해 통
경축*을 확보하여 녹지와 수공간이 모든 곳에서 보일 수 있도록 계획
되었다. 건물들의 입면과 자연이 어우러진 자연친화적인 구성은 아
름다운 경관뿐만 아니라 환경적 지속성을 추구하는 주거단지로 각
광받는 이유이기도 하다.

* 　경치가 통하는 축. 시각적으로 개방된 통로나 공간을 만들어서 그 통로(공간)를 통해 경치가
　　보이도록 함.

건물들의 입면이 물과 어우러져 있는 환경적 지속성을 추구하는 주거단지

 이곳을 걷다보면 재미난 광경을 여러 가지 볼 수 있는데 그중 하나
는 다양한 원색을 입고 있는 아기자기한 주택들이 모두 물과 접해있
어 거실 앞으로 물이 흐르고 있는 것처럼 보이는 것이다. 이는 바다
와 운하에서 끌어들인 물을 정화하여 도시의 중앙을 관통하는 커다
란 수로를 통해 주거지 내의 공용공간을 흐르는 모든 수*공간에 물
을 공급하는 것이다. 이러한 단지를 순환하는 수자원 이용시설의 조
성은 인간이 자연과 조화롭게 생활하는 모습을 보여주고 있다.

태양열 패널을 적용한 3층 높이의 European Village

바다와 운하가 접해 있는 Bo01 지구에는 Ankarparken^{Anchor Park}, Sundspromenaden^{Quayside Promenade}, Daniaparken^{North Park}의 각기 다른 특징을 지닌 공원이 조성되어 있다. 이 3개의 공원 중 가장 잘 계획된 사례로 손꼽히는 Sundspromenaden^{Quayside Promenade} 공원은 일광욕을 좋아하는 스웨덴 사람들의 특성을 반영하여 해변공원으로 조성하였다고 한다.* 이처럼 Bo01 지구 곳곳에서는 환경과 인간이 서로 조화를 이루며 안정적 시스템 속에서 "자연이 살아 숨 쉬는 도시"를 유지하고 있는 모습을 볼 수 있다.

사람을 배려하되 환경과의 조화를 놓치지 않은 해변가의 보행자 도로

*　　이규인, 세계의 지속가능한 도시주거, 발언, 2004, p.40.

터닝 토르소

　Bo01 프로젝트의 또 다른 특징은 대형 크레인이 있던 자리에 우뚝 서 있는 터닝 토르소Turning Torso이다. 2005년 준공된 터닝 토르소는 스페인 건축가 산티아고 칼라트라바Santiago Calatrava가 설계한 건축물로, "트위스팅 토르소"라 불리는 칼라트라바의 조각품의 형태에 기초하였다. 각층마다 1.6°씩 회전하여 총 90°로 꽈배기 모양으로 비틀린 터닝 토르소는 단순히 미적인 효과를 위해서가 아닌 나선형 외벽이 기류를 자연스럽게 옆이나 위로 흘려보내 강한 바람에도 건물이 흔들리지 않게 할 수 있는 과학적인 원리가 숨어 있다. 1,900m 높이의 이 건물은 스칸디나비아 반도에서는 가장 높으며 총면적 26,000㎡ 중 4,200㎡만이 업무용이고 절반 이상인 13,500㎡가 주거용으로 54개 층으로 이루어져 있다.

터닝 토르소는 독특한 외관뿐만 아니라 Bo01와 마찬가지로 말뫼의 에너지정책에 발맞추어 신재생에너지로 에너지를 전량 공급하고 있으며, 친환경적 건축재료 사용을 원칙으로 유해 폐기물 사용을 엄격하게 제한했다. 이에 주요 외장재는 유리와 알루미늄 등 재활용이 가능한 소재를 사용하였으며, 내부의 조명시스템은 긴 수명과 고효율을 자랑하는 LED조명을 사용하여 공간을 연출하였다. 또한 거주민이 인터넷을 통해 자신들이 소비하는 에너지양을 모니터할 수 있도록 시스템을 구축하였다.

말뫼의 랜드마크가 된 외레순드 해협 너머로 우뚝 솟아 있는 터닝 토르소

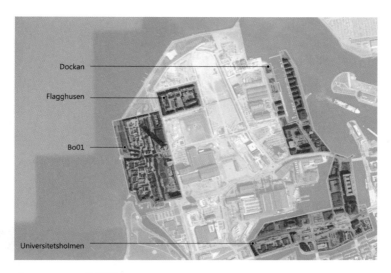

Dockan

Flagghusen

Bo01

Universitetsholmen

Västra Hamnen 도시개발구역

　폐기되어 버려졌던 항구 공장지대 겸 쓰레기매립장이었던 곳은 현재 1,908명의 거주자가 살고 있으며 매년 수많은 관광객들이 환경적 지속성을 기반으로 한 새로운 생태도시로 다시 태어난 Bo01 지구를 보기 위해 이곳을 찾고 있다. 뿐만 아니라 Bo01의 성공은 인근 지역에 영향을 미쳐 "Dockan", "Flagghusen", "Universitetsholmen[University District]" 등의 지구가 재개발되었다. 이로 인해 주거, 상업, 교육, 서비스, 공원 및 복지시설 등이 증가*하였으며 현재 더 많은 지역이 개발 진행 중에 있다.

---

* 　Nicole Foletta, Europe's Vibrant New Low Carbon Communities, ITDP, 2011, p.85.

　기존의 공업단지에 변화변신를 추구하여 새로운 도시를 설립하고, 이 지구의 지속가능한 미래 도시의 모범을 보여주는 것을 목표로 추진된 Bo01 지구는 친환경 재생에너지를 활용하여 에너지를 자립하는 미래 도시로 거듭나게 되었다. 과거 사람들이 떠나 버려졌던 오염 지역이 환경과 인간이 서로 관계를 맺으며 안정적 시스템을 구축하여 다시금 사람들을 모으고 있는 것이다.

녹지와 수공간 그리고 다양한 건물들이 자연친화적인 구성을 이루고 있는 Bo01

하마비 허스타드(스톡홀름, 스웨덴)

Hammarby Sjostad(Stockholm, Sweden)

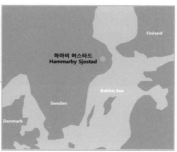

화석연료에 대한 수요가 이미 공급을 넘어서고 있는 오늘날, 친환경적 시스템의 중요성은 매년 증가하고 있다. 이에 생태계 복원과 주거공간의 공존을 이루고 있는 하마비 허스타드가 주목을 받고 있다. 호수의 수변공간이라는 지리적 특성을 살린 도시계획으로 새로운 건축과 현대기술이 접목된 자원 순환형 생태학적 도시이다. 친환경 수변 녹색도시 하마비 허스타드에서는 과거 오염으로 문제가 심각했던 모습 대신 생태적인 환경을 고려해 조성된 주거지로 아주 평범하게 삶 속에 숨어들어 있는 생태 시스템을 만날 수 있다.

명칭 Hammarby Sjöstad   **위치** Stockholm, Sweden   **준공연도** 1992–2015   **유동인구(계획인구)** 25,000명   **이전용도** 항만시설 및 화학 폐기물 매립장   **용도** 주거시설 및 상업 업무시설   **디자이너** Stellan Frywell 외

Before redevelopment

Stockholm, Sweden
1990s

　수변공간이라는 이점을 살린 새로운 도시계획을 통해 생태도시로
재탄생한 하마비 허스타드는 제1차 세계대전 이후 발틱해와 연결된
지정학적 위치로 인해 산업화가 이루어지면서 산업활동이 활발하던
곳이었으나 제조업 쇠퇴로 인해 도시기능이 저하되었다. 이에 1992년
스톡홀름 정부는 급증하는 인구를 수용할 주택과 환경문제를 해결
하기 위해 하마비 호수 주변을 주거단지로 재개발하기로 계획하고,
생태적인 환경을 고려한 지속가능한 친환경 주거단지로의 건설이 진
행되었다. 스톡홀름 시정부와 스웨덴 교통부를 중심으로 개발비용
이 조달된 하마비 허스타드 도시계획은 주거단지에 종합적 가이드라
인을 제시함으로써 도시의 이미지 형성에 크게 기여한 생태주거도
시라 할 수 있다.*

*　Andrea Gaffney, Hammarby Sjostad Case Study, CP 249 Urban Design in Planning, 2007,
p.2.

　스웨덴의 수도 스톡홀름에서 남쪽으로 6㎞ 정도 떨어진 지점에
위치하고 있는 하마비 허스타드는 지역명인 "Hammarby"와 Lake
City라는 스웨덴어 "Sjöstad"의 합성어로 하마비 호수를 둘러싼 도
시Hammarby Lake City라는 뜻을 가지고 있다. 1990년대만 해도 오염으로
문제가 심각한 낡은 공업단지였다. 하지만 중앙의 수변공간과 녹지
공간 그리고 주거지구, 상업 및 공공서비스지구, 자전거 및 보행자 전
용도로와의 조화를 통해 생태적인 환경을 고려한 지속가능한 생태
주거단지로 탈바꿈하였다.

생태적인 환경을 고려한 지속가능 친환경 주거단지 하마비 허스타드

하마비 허스타드이하 하마비의 전반적인 계획은 주변 환경과 생태계
를 고려한 주거단지를 조성하는 데 있었다. 환경에 미치는 영향을 최
대한으로 줄이고 지속가능한 도시로서의 발전을 목표로 사회적·경
제적·환경적 지속성을 바탕으로 토지이용, 주거단지계획, 에너지계
획, 교통계획 등에 있어서 다양한 방법으로 문제를 해결하고자 하였
다. 하마비는 도시 안의 자연을 보존하면서 환경친화적인 도시로의
발전을 위해 수변과 녹지로의 접근성을 최우선으로 하고, 수변공간
을 활용한 친환경 주거단지 설계 및 주변 환경과 생태계를 고려하여
조성하였다. 아름다운 수변공간과 공원, 그리고 녹지와 오픈스페이
스가 어우러진 매력적인 주거지역으로 높은 건물들이 빽빽하게 들어
서 있는 우리나라의 신도시와는 전혀 다른 모습을 하고 있다.

주변의 공기정화뿐만 아니라 쾌적하고 여유로운 삶의 공간을 제공하는 잘 관리된 수변공간

생태계를 고려한 주거단지

회색 건물과 아파트 빌딩숲, 전체적으로 무채색을 이루고 있는 도시가 아닌 푸른 하늘과 물 그리고 녹지공간이 조화를 이룬다. 각 구역마다 통일성 있으면서도 조금씩 변화를 준 5~6층 규모의 저층 아파트들이 밀집되어 있는 이곳의 주거단지는 환경을 고려하여 건축 초기단계부터 에너지 제로를 목표로 건축규정이 세세하게 마련되었다. 또한 자연과 인간의 생성과 공존이라는 목적을 이루기 위해 건축물뿐만 아니라 외부 공간 또한 자연의 순환체계에 순응할 수 있는 환경을 조성하고자 수변과 녹지공간을 연계하여 단지를 구성하였다.

기본적으로 지구의 중앙 녹지대를 향한 열린 형태의 중정형 배치를 통해 조망을 최대한 확보하고 바람과 공기가 순환되도록 하였다. 중정에 설치한 친수공간과 인공수로에는 빗물을 활용하고, 수변공간에 조성된 녹지에는 식용작물을 재배하며, 목재 보행데크를 설치하는 등 자연환경 보존과 쾌적함을 동시에 추구하였다.

또한 생태계의 단절을 방지하고자 가능한 많은 면적에 참나무를 심고 쉽게 접근할 수 있는 생태통로를 만들어 자연 보존지역과 주거지가 자연스럽게 조화되도록 계획하였다.

호수 주변 주거단지라는 특성에 맞게 주변 습지상태에 맞게 친수 실개천과 생태수로를 보행로와 연결하여 생태환경을 조성하였다. 공원, 녹지, 산책로를 적절히 연결하여 쾌적하고 여유로운 삶의 공간을 제공한다.

생태계를 고려한 주거단지를 조성하기 위한 핵심테마는 환경이다. 이에 하마비는 전기, 수도, 하수, 쓰레기처리 계획단계에서부터 지속가능성을 도입하고 폐기물을 "재활용한 지속가능 시스템 개발"이라

수변공간과 인공수로

는 에너지생산의 해결책을 제시하였다. 아파트 건물과 건물 사이, 정체를 알 수 없는 독특한 모양의 물체가 놓여 있는데, 이것이 하마비 대표 자랑거리 중 하나인 자동 폐기물 집하 시스템Automated Waste Collection System이 구축된 쓰레기통이다. 진공청소기와 같은 원리로 작동되는 이 시스템을 통해 이곳에서 발생한 모든 쓰레기는 전혀 매립하지 않고 소각하거나 재생하여 다시 지역 에너지에 사용되며, 악취와 소음으로부터 주민들을 해방시켜 주고 있다. 뿐만 아니라 청소차량의 수를 줄여 탄소배출을 감소시키고 도시 전체를 깨끗하게 한다.

이 쓰레기통은 단지에서 배출되는 각종 쓰레기를 분리수거할 수 있도록 색상으로 구분되어져 있다. 건축물의 형태와 구조에 따라 빌딩 안에 있거나 각층의 복도 또는 건물 사이사이에 설치되어 쉽게 접근할 수 있도록 하였다.

자동 폐기물 집하 시스템이 구축된 쓰레기통

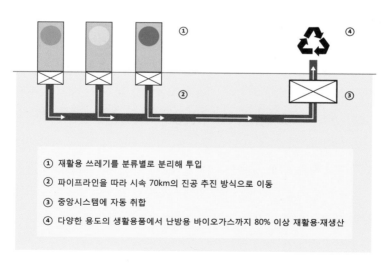

① 재활용 쓰레기를 분류별로 분리해 투입
② 파이프라인을 따라 시속 70km의 진공 추진 방식으로 이동
③ 중앙시스템에 자동 취합
④ 다양한 용도의 생활용품에서 난방용 바이오가스까지 80% 이상 재활용·재생산

자동 폐기물 집하 시스템 개념도

주민들이 재활용 쓰레기를 분리해 쓰레기통에 버리면 인근에 설치된 환풍기를 통해 시속 70㎞의 진공추진 방식으로 중앙 수집소에 자동 취합된다. 이렇게 종류별로 수거된 쓰레기들은 다양한 용도의 생황용품에서 난방용 바이오가스까지 약 80% 이상이 재활용·재생산된다고 한다.

다음은 자연의 생태적 프로세스를 거스르지 않는 한도 내에서 개발을 진행하고자 자원 생태순환 시스템 모델인 "하마비 모델The Hammarby Model"을 제시하고 이를 실생활에 적용하고 있는 것이다. 단순한 폐기물 처리뿐만 아니라 지속가능한 도시를 위해 프로젝트 계획단계에서부터 실행단계에까지 환경문제를 우선적으로 반영하도록 하였다. 하마비 모델은 에너지, 쓰레기, 수자원과 하수를 사용한 환경해결책을 제시한 모델로 성공적인 자원순환 시스템을 구축하고 있다.

폐수는 자체 처리되고, 열원은 회수되며, 다른 영양분들은 새로운 기술로 재활용되어 농작물에 쓰이게 된다. 또한 재활용 연료를 기반으로 하고 있는 에너지는 이 지역의 지역난방 시스템으로부터 생산되며, 연소된 쓰레기는 열에너지의 형태로 재활용되는 등 하마비에서는 생활 폐기물이나 오수 등을 다시 사용하여 지역에서 사용되는 모든 에너지를 자체 생산할 수 있게 되었다. 뿐만 아니라 2050년까지 탄소배출 제로에 도전하는 스톡홀름은 탈脫석유화를 선언, 탄소배출량을 줄이기 위해 다양한 정책을 구축하고 있는데 그중 하나로 다양한 교통정책을 들 수 있다.

이곳 하마비 또한 이러한 정책에 발맞춰 석유 의존량과 탄소배출

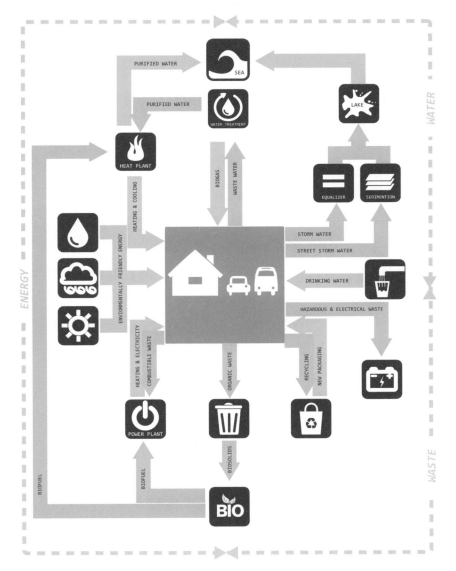

자원순환 모델인 "하마비 모델(The Hammarby Model)

량을 줄이기 위해 녹색운행을 시행하고 있다. 이들은 승용차로 인한 대기오염을 막기 위해 차량보유를 2세대 당 1.5대, 주차공간에 대해서는 2가구당 1대로 억제시켰다. LRT^{Light Rail Transit}, 버스, 수상버스 등 다양한 대중교통수단을 적용하여 활용성을 확보할 뿐만 아니라 대중교통을 포함한 모든 교통수단에 친환경연료인 바이오가스를 사용하여 녹색운행을 실현하였다. 또한 카풀^{Carpool}을 적극 권장하고 자전거전용도로를 확충하여 근본적인 에너지 절약 대책도 강구하였으며 현재 대중교통 및 자전거 이용을 80%까지 높이는 데 성공하였다.

과거 항만시설 및 화학 폐기물 매립장으로 황폐해졌던 곳이 인간과 환경을 생각하는 지속가능한 생태도시로 다시 태어났다. 생태계 복원과 주거공간의 공존을 이루고 있는 하마비는 그 과거 때문에 더욱 상징적이고 의미 있는 장소로 사람들의 관심을 받고 있는 것이 아닐까?

대규모 상업단지들이 들어서면서 영화를 누리던 곳이었으나 폐기물이 쌓이고 환경이 오염되면서 버려진 땅으로 전락했던 하마비는 산업화의 명암을 고스란히 남겨둔 채 21세기의 지속가능한 주거지로 탈바꿈하여 다시 사람들을 모으고 있다. 버려진 도시, 폐기된 도시가 변화하기 위한 공통점은 경제적 활력성과 생태적·환경적 안정성, 사회적 연대성을 고려하여 새롭게 발전하고자 하는 것이다. 이런 측면에서 하마비는 지속가능한 에너지 재생뿐만 아니라 친환경적 생태공간계획을 통해 인구유입을 시도한 도시재생의 좋은 사례라고 할 수 있다.

에너지 절약에 대한 노력을 엿볼 수 있는 잘 가꾸어진 자전거전용도로와 대중교통 시스템

환경에 대한 중요성을 일깨워주기 위해 설립된
GlashusEtt(environmental education center)

과거 항만시설이 있었던 곳이라는 것을 말해주
듯 도시 곳곳에 남아 있는 설치물

수변공간과 건물 그리고 녹지의 아름다운 조화를 보여주는 하마비

메인로드의 일부 건물 1층에 있는 상업시설

RE:NEWABLE을 마무리하며

다양한 사람들이 사는 다양한 주택들이 모여서 도시가 형성되고, 그 도시에 우리의 주거환경이 담긴다. 도시 경쟁력이 국가경쟁력인 시대, 환경오염을 줄이고 지구와 공존하기 위해 도시가 진화하고 있다. 세계 도시재생의 화두는 인간중심으로 하는 도시정책에서 자연과의 조화를 중요시하는 친환경정책으로 변화하고 있는 것이다. 특히 화석연료에 대한 수요가 이미 공급을 넘어선 시점에서 환경오염의 심각성을 크게 우려하고 있는 유럽의 선진국가들은 일찍부터 이산화탄소와 온실가스 배출량을 줄이고 환경과의 조화를 통해 도시를 발전시키는 등 지속적인 측면의 개발에 대한 노력을 아끼지 않고 있다.

인간과 환경과의 조화를 통한 생태 주거단지를 만들자는 목적으로 계획된 "Bo01"과 "하마비 허스타드" 역시 추구하고자 하는 테마에 맞게 주거환경을 접목시켜 새로운 차원의 경쟁력 있는 도시를 탄생시켰다. 이들은 생태계를 보전하고 에너지의 사용은 최소화하며, 재생가능한 자원의 사용은 재생산이 가능한 범위 내에서 사용하는 등 다양한 활동을 통해 에너지를 절약하면서 환경친화를 도모하고 있다. 단지 환경적인 측면뿐만 아니라 건설단계에서부터 대중교통 효율화, 건물단열, 휴식계획과 같은 "인공시스템" 그리고 토양, 지형, 물, 대기, 녹지 등의 "자연시스템"의 조화를 통한 생태학적 상상력, 삶의 질 향상을 위해 꾸준한 노력을 하고 있는 것이다.

쓰레기 매립지 역할을 하던 항구 도시를 지역에서 생산된 100% 신재생에너지만을 사용하는 탄소 제로 도시로 탈바꿈한 "Bo01", 제조업의 쇠퇴와 함께 오염되어 버려진 산업도시를 생태환경을 고려한 생태 주거단지로 탄생시킨 "하마비 허스타드"의 사례를 통해 기존의 주거단지의 개념에서 벗어나 장점을 승화시키고 단점을 보완하여 살기 좋은 터전으로 바꾸어가고 있음을 확인할 수 있었다. "문제를 만들어낸 사고방식으로 그 문제를 해결할 수 없다"는 아인슈타인1879~1955, 미국의 물리학자의 이야기처럼 단방향적 접근이 아닌 다각적 접근방식을 통해 자연과 인간의 조화문제를 풀어갈 수 있다. 자연과 인간의 조화를 중요시하는 지속가능한 개발은 환경적 지속가능한 개발, 경제적 지속가능한 개발 그리고 사회적 지속가능한 개발을 포함하는 개

RE:NEWABLE을 마무리하며

념이지 어느 특정 한 분야만의 지속가능성을 말하는 것이 아니다. 다양한 차원과 분야의 지속가능한 개발 노력들이 만들어내는 종합적인 상태라 할 수 있다. 즉, 자연환경을 중심으로 하되 경제 및 사회 전반의 지속가능성을 확보하는 것이 매우 중요하다고 할 것이다.

참고문헌

김영기 외, 도시재생과 중심시가지 활성화, 한울, 2009.

김예성, 영국 도시재생의 정책 의제화 연구, 서울대학교 대학원 박사학위논문, 2013.

김자경, 자연과 함께하는 건축, spacetime, 2008.

김정곤 외, 저탄소 녹색도시 모델개발 및 시범도시 구상, 한국토지주택공사 토지주택연
　　구원, 2010.

김정후, 유럽의 발견, 동녘, 2011.

김희철. 도시재생의 이해와 과제, 박영사, 2011.

대한국토·도시계획학회, 세계의 도시디자인, 보성각, 2010.

마크 어빙, 죽기 전에 꼭 봐야 할 세계 건축 1001, 마로니에북스, 2009.

문화우리, 북위 50도 예술 여행, 안그라픽스, 2010.

박재민·성종상, 산업유산 개념의 변천과 그 함의에 관한 연구, 건축역사연구 제21권 1호
　　(통권 80호), 2012.

승효상, 건축 사유의 기호, 돌베개, 2004.

Adam Richie & Randall Thomas, 이영석 역, 지속가능한 도시디자인: 환경적 측면으로의
　　접근, 기문당, 2011.

안애경, 핀란드 디자인 산책, (주)백도씨, 2009.

원제무, 탈근대 도시 재생, 조경, 2012.

월간 건축문화 V.324, 에이엔씨, 2008, p.61.

유승호, 문화도시, 일신사, 2008.

이규인, 세계의 지속가능한 도시주거, 발언, 2004.

이재영, 도시 집합주거단지의 개방성 평가지표 개발, 중앙대학교 박사학위논문, 2013.

이주형, 21세기 도시재생의 패러다임, 보성각, 2010.

임근혜, 창조의 제국: 영국현대미술의 센세이션, 지안출판사, 2009.

임미숙, 유럽의 첨단 신도시, HN Focus Vol.7, 한국스마트홈산업협회, 2005, p.7.

테오로드 폴 김, 도시클리닉, 시대의 창, 2011.

하성규·김재익 외, 지속가능한 도시 개발론, 보성각, 1999.
한아름·곽대영, 산업유산의 창의적 활용 방법으로서의 지속가능한 도시재생디자인, 한
   국디자인문화학회지, vol.19 No.3, 2013.

Andrea Gaffney, Hammarby Sjostad Case Study, CP 249 Urban Design in Planning,
   2007.
Barbican Listed Building Management Guidelines, Volume I, City of London Corpora-
   tion, 2005.
BIG(Bjarke Ingels Group), Yes is More, TASCHEN, 2009.
By & Havn, Copenhagen Growing: The Story of Ørestad, CPH City & Port Develop-
   ment, 2011.
Helsinki City Planning Department, Walking in Arabianranta, 2009.
Kate Givan, Bo01 Case Study: What does good leadership look like?, A+DS, 2010.
Nicole Foletta, Europe 's Vibrant New Low Carbon Communities, ITDP, 2011.
University of Westminster, Taking the Industry Out of the Dark Ages "Building the
   barbican 1962–1982", The Leverhulme Trust, 2012.
Urban development, The Port & City Development Corporation, 2007.
World Design Capital Helsinki 2012, Art in Arabianranta(Art collaboration 2000–
   2011), 2011.